LES DESTINÉES DU MOI

PAR

J. LAURENCE

PRÉFACE DE JULES LEVALLOIS

L'univers m'embarrasse et je ne puis songer
Que cette horloge existe et n'ait point d'horloger.

VOLTAIRE.

PARIS
SOCIÉTÉ D'ÉDITIONS LITTÉRAIRES
4, RUE ANTOINE-DUBOIS, 4
PLACE DE L'ÉCOLE-DE-MÉDECINE

1901

LES DESTINÉES DU MOI

L'univers m'embarrasse et je ne puis songer
Que cette horloge existe et n'ait point d'horloger.

VOLTAIRE.

LES
DESTINÉES DU MOI

PAR

J. LAURENCE

PRÉFACE DE JULES LEVALLOIS

L'univers m'embarrasse et je ne puis songer
Que cette horloge existe et n'ait point d'horloger.

VOLTAIRE.

PARIS
SOCIÉTÉ D'ÉDITIONS LITTÉRAIRES
4, RUE ANTOINE-DUBOIS, 4
PLACE DE L'ÉCOLE-DE-MÉDECINE
—
1901

PRÉFACE

Petite Histoire du Moi — Quelques mots sur l'Auteur — La Molécule vitale — La Finalité — Les sept conditions du bonheur — La Sanction.

Au début du siècle de Louis XIV, deux maîtres écrivains, Pascal, dans les *Pensées*, La Rochefoucauld, dans les *Maximes* se déclarent les adversaires résolus du *Moi*, représenté au XVIe siècle par Michel de Montaigne. Lorsque Pascal lance la fameuse parole « Le moi est haïssable, » il vise plus haut que telle ou telle personnalité. Ce qui l'inspire, c'est la pure doctrine de la grâce, entendue au sens des Jansénistes, faisant table rase de l'individu pour substituer à sa place l'impulsion divine. Moins affirmatif et partant d'ailleurs d'un autre principe, quoi qu'il veuille bien nous dire, La Rochefoucauld semble se complaire à ne rien laisser de respectable dans la nature humaine, la ramenant constamment à cette base étroite et humiliante de l'égoïsme. On peut dire que sur ce point, la seconde moitié du XVIIᵉ siècle leur a, d'une manière ou d'une autre, donné pleinement raison. Dans l'œuvre de Racine, dans celle de Molière et même chez ce grand original de La Fontaine, le Moi expressif est complètement effacé. Vous trouverez la même réserve au XVIIIᵉ siècle jusqu'à Jean-Jacques Rousseau, qui se met volontiers en scène, surtout dans son ouvrage posthume, le plus populaire de tous, *Les Confessions*.

Dans cette voie ouverte à l'individualisme, l'école poétique du XIXᵉ siècle s'est engagée, avec un empressement qui a pu sembler quelquefois excessif. Pour ne rappeler que des noms connus de tous, le Moi de Lamartine et d'Alfred de Musset représente la part essentielle, la plus vivante de leur inspiration. Avec tout cela, il manquait au Moi, comme nous dirions aujourd'hui, une assise scientifique solide. C'est un philosophe issu du XVIIIᵉ siècle, mais mort seulement sous la Restauration, qui entreprit de combler cette lacune et de donner à l'être humain la réalité sensible et spontanée que lui refusaient Condillac et ses disciples.

Ce qu'il y a de curieux, c'est que l'apôtre du Moi, Maine de Biran, était physiquement l'être le plus faible et nerveusement le plus impressionnable que l'on pût rencontrer. La belle publication de M. Ernest Naville, intitulée : *Maine de Biran sa vie et ses pensées* (chez Didier) nous a initiés aux plus délicates évolutions de son travail intellectuel. Il serait difficile d'entrer dans le détail d'un système qui présente assurément des parties faibles, mais dont le fondement même n'a pu être ébranlé, quoique les contradictions et les attaques ne lui aient pas fait défaut. Contentons-nous de dire que le philosophe s'appuyait presque uniquement sur la preuve intérieure, ce qui le rattachait directement à Descartes. La physiologie ne lui paraissait pas constituer pour la pensée un terrain suffisamment solide.

Les ouvrages de Maine de Biran, sommeillaient dans les bibliothèques, lorsque l'idée du Moi fut reprise par des écrivains qui ne relevaient de lui que bien indirectement. Les fondateurs de la *nouvelle Encyclopédie*, Jean Reynaud et Pierre Leroux inauguraient dans cet intéressant recueil, malheureusement inachevé, un spiritualisme très indépendant, lequel par certains côtés, confinait au mysticisme. En 1864, Jean Reynaud tira des livraisons de l'*Encyclopédie*, une série d'articles qu'il réunit en un volume et auquel il donna ce titre significatif : *Terre et Ciel*. La pensée de l'auteur dépassait de beaucoup celle de Maine de Biran. Il ne se bornait pas à envisager le Moi humain dans sa phase relative et transitoire. Concluant de la destinée présente à la destinée antérieure, il se croyait autorisé à en déduire également la destinée ultérieure et il esquissait ainsi une vaste histoire morale dont le point de départ comme le point d'arrivée se perdaient dans une extension indéfinie. Les idées de Reynaud, trop libérales pour les uns, trop religieuses pour les autres, trop désintéressées pour tous, soulevèrent dans la jeune école sensualiste une vive opposition.

Taine dans son livre des *Philosophes français au XIX° siècle* et dans ses articles des *Débats* se livrait contre Jean Reynaud, auquel il associait le pauvre Maine de Biran, à un véritable jeu de massacre. Michelet tout ébranlé par cette dure polémique, s'écriait. « Mais il m'ôte mon Moi ! » Pouvait-on s'attendre à ce que ce malheureux Moi, si battu en brèche dans les livres et fustigé même au théâtre par Labiche, chercherait dans la physiologie l'appui que lui déniaient les matérialistes? C'est pourtant ce qui se produit aujourd'hui dans les ouvrages intéressants de J. Laurence, *Le Moi éternel* et *Les Destinées du Moi*.

En réalité les deux ouvrages n'en forment qu'un seul. *Les Destinées* ne représentent ni une suite ni un complément du *Moi éternel*. Elles en constituent tout simplement la seconde partie. L'Académie des Sciences morales et politiques en couronnant le premier ouvrage ouvrait en quelque sorte la voie à l'écrivain et l'encourageait implicitement à persévérer. Il ne faut donc pas scinder les deux volumes ; encore moins opposer l'un à l'autre. Il y a là une forte unité de pensée qui se manifeste dans la droiture et la fermeté de la composition.

L'auteur est de ceux dont la biographie détaillée, telle que la comporte le goût moderne, est assez indifférente ; aussi n'essaierons-nous pas de soulever le voile sous lequel il a plu au philosophe de s'abriter. Tout au plus devrons-nous dire que J. Laurence est un de ces lettrés qui, après avoir consacré aux œuvres d'imagination une importante partie de leur existence se sont sentis attirés d'une part vers le problème moral et religieux, d'autre part vers la région des études d'histoire naturelle et de physiologie. Sous ce dernier rapport l'étendue et la conscience de ses recherches méritent d'être mentionnées. C'est à quoi l'Académie a rendu justice dans l'appréciation qui précède et légitime l'attribution du prix Audiffret. Le vénérable rapporteur, M. Francisque Bouillier, le savant historien du cartésianisme, a été frappé lui-même, bien que ses opinions ne fussent pas toujours celles de l'auteur, de la quantité d'ouvrages que celui-ci avait dû consulter et de matériaux qu'il avait eus à mettre en œuvre.

J. Laurence en effet ne s'est interdit de puiser à aucune source ; indépendamment des philosophes dont nous avons donné plus haut l'énumération, il a remonté jusqu'au XVIIe siècle pour emprunter à Hobbes quelques-uns de ses arguments. L'auteur du *Leviathan* a dû être très flatté de cette politesse, car sa mémoire n'est pas précisément en honneur dans la tribu des spiritualistes. Il va sans dire que Lamarck et Darwin ont été largement mis à contribution dans un esprit d'indépendance qu'il n'est pas superflu de signaler. Enfin l'écrivain n'a négligé de s'entourer d'aucun des recueils scientifiques contemporains et de profiter notamment des travaux insérés dans la *Revue rose* par MM. Charles Richet, Héricourt, Gustave Le Bon, etc. D'abondantes lectures n'ont pas suffi à contenter cette insatiable curiosité de l'esprit ; il y faut joindre de longues séances à la Sorbonne, au Muséum, consacrées à l'audition et aux expériences de Brown Séquard, de Giard et d'Edmond Perrier.

C'est muni de tous ces éléments et instruments que l'auteur du *Moi éternel* a commencé de donner jour à un double travail, l'un d'affirmation, foncièrement individualiste, l'autre de négation dirigé contre le transformisme.

La doctrine de l'évolution telle qu'elle se développe depuis une vingtaine d'années, telle qu'elle est généralement admise dans le monde scientifique moderne, comporte bien des solutions diverses. Le transformisme, il est bon de le rappeler, ne représente qu'une de ces solutions, ou si l'on veut, l'une de ces hypothèses. Partant d'une double conception : l'infini travail des êtres sur eux-mêmes et des uns sur les autres pendant l'éternité, il admet que ces êtres ont pu changer indéfiniment et revêtir des formes si variées, qu'ils abolissent toute trace d'identité. J. Laurence, au contraire, ne veut pas que cette identité périsse. Il se résigne à constater certaines variations, à condition que ces variations ne toucheront pas au fond même de l'être. De là sa théorie de la fixité de l'espèce, laquelle offre jusqu'à un certain point l'avantage de se concilier avec les traditions bibliques mais qui, dans le mouvement perpétuel de la vie, a quelque peine à se défendre contre les éclipses et les défaillances de la matière.

Sur ce mot matière, l'auteur du *Moi éternel* appuie avec beaucoup d'insistance. Il lui faut un moi concret, résistant, qui ne se volatilise pas. Ne lui parlez ni de l'âme ni de l'idéal, ni de pur esprit. Ce sont là pour lui des abstractions. Il déclare très crânement que tout étant matière, le Moi ne saurait se dérober à cette loi générale. La question ou plutôt la difficulté consiste à lui découvrir un mode d'existence qui réponde à la double notion d'éternité d'abord et de solidité matérielle. Notre philophe ne s'embarrasse pas pour si peu. Il a par devers lui la théorie de la molécule vitale. Cette molécule indestructible est le type même et la raison d'être de l'énergie personnelle. L'écrivain, dont la bonne foi est hors de doute, avoue que jusqu'à présent on n'a pas mis la main ni même, s'il est permis de s'exprimer ainsi, l'œil sur cette précieuse molécule. Ce qui le console et le remplit d'espoir, c'est que l'on a fait dans l'ordre des recherches sur les infiniment petits des découvertes si extraordinaires, qu'il serait téméraire de vouloir aujourd'hui poser une limite à la science et lui dire : « tu n'iras pas plus loin. »

Un commencement de satisfaction a été donné à J. Laurence, grâce à l'obligeance des directeurs du laboratoire municipal, il lui a été permis de voir le noyau cellulaire autour duquel viendront se grouper, puis décroîtront les manifestations de la vie. Assurément ce noyau n'est pas encore la molécule vitale, mais il en peut, jusqu'à nouvel ordre, être considéré comme le représentant. Le mot « matière » ici est-il bien nécessaire puisque ce noyau cache une puissance qui s'obstine à demeurer invisible ?

Je confesse que, pour mon compte, plus j'ai eu à étudier ces questions, moins j'ai attaché de valeur à ces mots « matière » et « esprit ». Le vingtième siècle les verra certainement disparaître, car leur existence fictive ne repose que sur une opposition créée par notre cerveau. En effet si tout est « matière » le mot « esprit » n'a aucun sens et si tout est « esprit » le mot « matière » ne signifie rien. Je crois qu'il serait prudent dans l'état actuel de nos connaissances de s'en tenir au mot « force » qui a plus d'élasticité que « matière » et plus de précision qu' « esprit ».

Au reste c'est bien dans ce même sens de « force » que l'auteur du *Moi éternel* entend la « molécule vitale », et cette notion nous la retrouvons dans les *Destinées du moi*, s'appliquant à un principe général que l'écrivain désigne par cette expression, *Le Moteur*. Que ce moteur soit l'Inconnaissable, comme disent les agnostiques et les positivistes, ou l' « Etre Suprême » reconnu par les déistes du XVIIIe siècle, ou le Créateur qui domine la conception catholique, J. Laurence réserve son appréciation, ne voulant pas s'aventurer sur ce terrain dont la Bible nous dit « Dieu a livré le monde aux disputes des hommes. »

Cette notion de force s'associe chez le philosophe d'une façon tout à fait étroite et impérieuse avec la notion d'ordre. Il n'admet pas qu'un acte puisse se produire sans cause ; il ne comprend pas davantage qu'il puisse se produire sans aboutir à un résultat raisonnable. Ce ne serait rien moins que la suppression du hasard et le rétablissement de la Providence dans toutes ses prérogatives, si l'écrivain que je soupçonne d'être quelque peu normand, n'apportait dans ses assertions beaucoup de mesure et des restrictions intelligentes. Il n'en est pas moins amené par le cours de sa pensée à saluer dans la finalité la doctrine préférable pour ceux qui cherchent à concilier avec les oscillations de la vie la fermeté et la droiture d'une ligne intérieure.

Claude Bernard répondait un jour au père Gratry « si je savais le tout de la moindre chose, je saurais le tout de tout. » Tant que l'on observera la méthode objective, c'est précisément ce « tout de tout » qu'il faudra se résigner à ne pas atteindre. Embrasser la totalité des objets est impossible, et se contenter d'une connaissance partielle offre des difficultés insurmontables. Quoi que puisse prétendre Auguste Comte, c'est toujours de l'observation subjective qu'il faudra partir, mais la science des lois n'étant en somme que le calcul et la définition des rapports, la théorie de la finalité rencontrera toujours sur son chemin des lacunes. Cette même remarque s'applique à l'idée d'ordre. Il y a de fortes présomptions pour qu'il y ait de l'ordre dans l'univers, mais il y a une quantité de faits qui paraissent relever uniquement du hasard.

Le plus sage serait donc d'admettre qu'il peut y avoir un ordre supérieur dont nous sommes impuissants à synthétiser les diverses parties. De cette première vérité, une seconde découle naturellement, c'est que si nous ne voulons pas abandonner l'idée de cause finale, il faut la limiter au monde que nous croyons connaître et surtout lui chercher un point d'appui indépendamment de l'objectivité.

J. Laurence dans *Les destinées du Moi*, parait avoir eu l'intuition de cette double vérité. En ce sens, la conception de la perpétuité du Moi peut être regardée comme n'étant pas sans inconvénient. Elle entraîne ceux qui l'adoptent à dépasser le rayon terrestre de l'activité et à laisser la dialectique, prendre la place de l'expérience. Notre philosophe a évité en partie cet écueil en demandant au cœur même de l'homme, le secret de la destinée. Ce secret d'après lui, pourrait tenir dans cette brève formule : La recherche et la possession du bonheur. Il ne s'agit plus que de s'entendre.

Tout homme dira qu'il désire être heureux, mais interrogez chaque homme en particulier, et vous serez confondu de voir combien selon les organisations, les circonstances, les milieux, diffère profondément l'idée du bonheur. Chez les simples elle est bien relative : « Que te faudrait-il, disait Flaubert à un petit paysan pour être heureux ? — Un peu d'argent. — Et si tu l'avais cet argent, à quoi l'emploierais-tu ? — Je n'irais au crottin que le dimanche. » Quand on demandait au fils de Thétis s'il préférait.

..... ou beaucoup d'ans sans gloire,
Ou peu de jours suivis d'une longue mémoire ?

La réponse n'était pas douteuse. Pour les natures distinguées le bonheur consiste dans l'accomplissement d'un devoir, le culte d'une idée, la réalisation d'une vocation. Tel nous apparaît Pasteur dans ses lettres de jeunesse où se révèle le caractère absolu et en quelque sorte apostolique de son génie. (1) Mais le bon-

(1) Voir le bel ouvrage, *La vie de Pasteur*, que vient de publier son gendre, René Vallery-Radot.

heur ne consiste pas seulement dans le vœu ni dans la pensée. La vie peut nous manquer de parole et alors tout ce qui aurait fait notre joie devient une cause de tristesse et parfois de désespoir.

Les exemples de cette dernière disposition sont si nombreux et si évidents, que l'auteur, tout en nous proposant le bonheur pour but et en nous indiquant le chemin qu'il convient de suivre pour y parvenir, n'ose pas trop nous en parler comme d'une réalité présente et se renferme prudemment dans cette affirmation dialectique : « Le Bonheur sera. » Il veut bien nous dire à quelles conditions et il en énumère sept principales qui lui paraissent composer une recette merveilleuse dont l'humanité bien inspirée, pourrait et devrait faire son profit. Je laisse aux lecteurs des destinées, l'examen de ces conditions. L'esprit général en est excellent, et j'aime à croire qu'il n'en peut résulter que du bien. Il y en a plus d'une toutefois qui n'est ni d'une pratique aisée, ni, par le temps actuel, d'un usage fréquent. L'écrivain, qui puise quelquefois ses thèmes dans l'Evangile, nous recommande d'être charitables et justes. A ce prix-là, nous dit-il, vous serez heureux. Le malheur est que le monde n'a jamais été moins incliné vers la charité ni vers la justice. Si nous ne devons compter que sur un changement du cœur humain, nos descendants verront encore couler l'eau sous les ponts pendant un certain nombre d'année. Il est vrai que les sept conditions ne sont pas toutes aussi difficiles à remplir. Plusieurs d'entre elles, plus agréables, attestent chez l'auteur quelques souvenirs de lectures dont l'origine doit remonter à Charles Fourier.

J'ai dans ma bibliothèque, un petit livre fort curieux, écrit en latin par un jésuite du XVIe siècle et intitulé *De Felicitate sanctorum*. Dans cet opuscule de quelques pages, le cardinal Bellarmin a voulu édifier les croyants sur la nature des joies que l'on éprouve dans le Paradis, et il explique en son langage élégant que ces joies sont très positives, nullement chimériques. Les réformateurs, Thomas Morus, Fourier, aiment à montrer par des images quelles seraient les engageantes conséquences de leurs doctrines. En général ils sont moins abondants sur le chapitre des châtiments.

On peut cependant tirer de Jean Reynaud quelques déductions très propres à servir d'exemples et de corrections à des imaginations vives. J. Laurence, qui n'a pas craint d'emprunter à Fourier le souvenir de ses bayadères, n'a pas hésité non plus à pousser jusqu'à leurs conséquences extrêmes, les théories émises dans *Terre et Ciel*, par Jean Reynaud. Le châtiment doit avoir sa place dans une saine économie générale, et le philosophe a le droit d'opposer son purgatoire rationnel à un paradis *rationnel*. Il a donné ainsi à la justice immanente une sanction que quelques-uns trouveront sévère, mais dont la légitimité s'impose à ceux qui liront attentivement *Le Moi Éternel* et *Les Destinées du Moi*.

JULES LEVALLOIS.

Paris, janvier 1901.

LES DESTINÉES DU MOI

PREMIÈRE PARTIE

Chapitre Premier

La Molécule Vitale

« ...Nous ne savons pas pourquoi la vie existe, pourquoi il y a des êtres vivants, écrit M. Charles Richet, le savant directeur de la *Revue scientifique*, au moins pouvons-nous concevoir pourquoi telle forme de vie existe et donner une explication erronée ou non, vraie ou non, ingénieuse ou téméraire de l organisation des êtres.

« ...Par exemple ce serait tomber dans l'absurdité que de supposer qu'il n'y a pas un rapport de cause à effet entre l'œil et la vision. Ce n'est point *par hasard* que l'œil voit. Il y a tout un agencement de parties, tout un mécanisme merveilleux dans l'ensemble et dans les détails les plus minuscules qui nous permet de dire avec certitude : « *L'œil est fait pour voir*.. On pourrait aussi bien prendre tout autre organe. L'adaptation de l'organe à la fonction est tellement parfaite que la conclusion s'impose d'une adaptation *voulue* ».

Dans cette citation certains mots que nous soulignons sont à remarquer. Il est surprenant que nous trouvions chez le Maître, contre lequel, nous protestons parfois, des affirmations qui précisément devront appuyer nos conclusions sur les causes finales.

La Nature dans les milliers de formes qui donnent à la vie le moyen de se manifester, aussi bien au firmament que sur le globe où nous habitons, la Nature emploie toujours des procédés analogues, soit qu'elle lance un de ces astres qui courent lumineux et superbes dans les espaces infinis, soit qu'elle façonne le plus infime habitant de la Terre. Tous commencent par un noyau, lequel s'empare de certains atomes de la matière pour obtenir croissance et figure ; puis les atomes se désagrègent, le noyau même, premier récipient de la vie, atome puissant que nous avons nommé la *Molécule Vitale* (1) le noyau même n'est plus. Tout s'évanouit, disparait au milieu des éthers. Rien ne semble rester de cette forme qui avait joué un instant sa partie dans le grand concert des êtres. Quelque chose en subsiste cependant, la molécule vitale qui avait causé son apparition, l'atome qui momentanément l'abandonne

(1) Voir notre volume *Le Moi Eternel*.

comme un vêtement usé. Mais de nouveau il se revêtira plus brillant et plus pur ou plus obscur et misérable. On comprendra à mesure que l'on avancera dans cette lecture la signification de ces derniers mots.

Signalons auparavant une affirmation erronée où semblent se complaire la plupart des savants qui disent que la vie est partout.

Non, la vie n'est point partout, puisqu'il y a la vie et la non-vie. Seulement elle est mêlée à tout comme l'oxygène est mêlé à tout l'air respirable, ce qui n'empêche pas l'air de contenir aussi de l'azote, de l'acide carbonique et autres corps parmi lesquels les molécules vitales.

La molécule vitale n'a rien d'idéal, d'hypothétique, c'est un des atomes de la matière universelle, c'est un corps à la fois simple et complexe se mêlant à tous les corps qui composent la matière, corps invisible, insaisissable ainsi que tous les atomes, d'autant plus insaisissable qu'étant la vie, il est *un* et ne fournit point d'agrégats comme les autres corps simples. Exemple d'un agrégat: dans cette parcelle d'or détachée d'une pyrite que l'on vient d'extraire de la terre, il y a un nombre incalculable d'atomes tous appartenant à celui des corps simples que nous avons nommé or.

La molécule vitale est un corps attractif d'une suprême puissance. Certains corps ambiants, carbone, oxygène, hydrogène, azote et autres se précipitent sur elle, à la façon du fer sur l'aimant, pour créer le protoplasma où naitra la première cellule, cellule vivante puisque la molécule vitale l'a fait éclore.

La molécule vitale n'est, en définitive, qu'une de ces formes vivantes dont il faut bien que le savant accepte la réalité, et qui sont éparses dans la nature. Puisque le cosmos est matière, il nous a semblé qu'un mot spécial devait désigner particulièrement celui des atomes qui porte en soi la vie, et nous avons remplacé le mot *force vivante*, trop vague, par celui de *molécule vitale*, plus énergique et plus complet.

Le protoplasma, dont la chimie ne pourrait, sans témérité peut-être, se vanter de connaître tous les éléments, est produit par le travail de la molécule vitale. L'apparition sur le protoplasma d'une cellule vivante alors est logique, tandis qu'une cellule provenant d'un amas moléculaire de corps sans vie ne se comprendrait pas.

C'est, en effet, cette idée d'un amas protoplasmique sans cause apparente accepté par les savants, qu'il nous est impossible de comprendre. En vain — particulièrement depuis Lavoisier, dont la thermogenèse, dit M. E. Gley (1), ne sera jamais surpassée — les plus grands savants se sont-ils attachés à des études biologiques qui auraient pu, ils l'espé-

(1) *Revue Scientifique.*

raient, leur dévoiler les causes déterminatrices des phénomènes vitaux, ils n'ont jamais fourni une explication claire de cette première cause biologique du protoplasma où vient apparaître la première cellule ou forme première de la vie.

Lavoisier assimile la production de la chaleur animale à celle qui résulte de la combustion du carbone et de l'hydrogène ; mais chacun de ces corps séparément est inerte, comment donc leur combustion a-t-elle lieu ?... Nous n'ignorons pas non plus que la chaleur, chez les êtres vivants, est produite aux dépens de l'énergie chimique accumulée dans les aliments. Fort bien, mais les êtres vivants eux-mêmes, comment sont-ils devenus ainsi accumulateurs d'énergie chimique ?

L'illustre Berthelot fait cette remarque que les animaux ne brûlent pas du carbone libre, de l'hydrogène libre. Sans doute, puisqu'ils n'obtiennent ces deux gaz que par l'énergie chimique accumulée dans les aliments. D'où nous concluons que la combustion des deux gaz et l'énergie chimique n'existeraient pas sans l'être vivant.

Que l'on se représente un foyer où l'on a préparé tous les éléments nécessaires à la production du feu : du papier, des branchettes et, par-dessus, du bois ou du charbon. Il restera indéfiniment préparé, aucune chaleur ne s'en dégagera. Qu'y manque-t-il pour que la flamme en jaillisse ?

Rien que le frottement d'une allumette !

Eh ! vous aurez beau accumuler ensemble certains aliments ! ni carbone, ni hydrogène, ni action chimique ne se produiront s'ils restent tels quels...

Vous aurez beau, dans votre science profonde, trouver et accumuler les corps simples qui constituent l'amas protoplasmique, rien ne bougera, rien ne se montrera.

C'est que l'âme n'y est pas qui ferait jaillir la flamme dans le foyer.

C'est que l'âme n'y est pas d'où l'être vivant, la cellule, sortirait du protoplasma.

Il existe donc un corps essentiel que l'on a oublié, un facteur que l'on n'a pas deviné dans toutes les recherches biologiques, un facteur sans lequel tout serait chaos, inertie dans la grande nature. Ce facteur, ce corps essentiel de la substance, c'est le corps qui, à lui seul, résume toute la puissance du mouvement, cet atome qui a en soi toutes les énergies, cet atome mêlé à tous les atomes, comme l'oxygène est mêlé à tout l'air respirable, ainsi que nous venons de le dire, cet atome, c'est la molécule-vie, que nous avons nommée la molécule vitale ! (1)

(1) « Les phénomènes de la radio-activité, écrit M. Gustave Le Bon dans la *Revue Scientifique* (5 mai 1900), sont dus à une forme ignorée de la matière, forme dans laquelle les particules possédant *une petitesse infinie* et étant animées d'une *immense vitesse*, traversent sans difficulté ces obstacles matériels. » Le savant émet ici une hypothèse qui est exactement la nôtre à

Quel savant oserait se vanter de connaître tous les corps simples de la substance universelle, de les pouvoir retenir séparément dans quelqu'un de ses merveilleux récipients ? Nul ne doute que parmi ces corps sont les corps impondérables qui provoquent les énergies électriques, les énergies chimiques... Et celui de ces corps impondérables qui provoque les énergies vivantes, pourquoi le reléguez-vous dans les limbes ? Quel singulier aveuglement de se refuser à comprendre que la vie est cette molécule qui donne à l'être la forme et le mouvement ? La science sait pourtant bien qu'il faut, le plus souvent, que l'imagination et l'hypothèse suppléent à la faiblesse de nos organes pour aller jusqu'au fond des choses et en saisir les vérités. Si l'on ne voit pas l'atome de la vie, la molécule vitale qui a construit la forme du moi, on sait bien, en revanche, le moment précis où cette molécule l'abandonne et laisse la mort faire son œuvre.

Nous ajouterons que la molécule vitale porte en soi la *forme de l'être* qui, après de nombreuses variations, aura conquis sa figure définitive, du moins la figure qu'il présente aujourd'hui.

propos de la *molécule vitale* : une particule de matière d'une *petitesse infinie*, animée d'une *immense vitesse* pour traverser les corps et se jeter dans la liqueur spermatoïdale d'où naîtra un être. Si une telle particule n'était pas la vie même, comment serait-elle animée de vitesse ? Car, nous le répétons : sans la vie, pas de mouvement.

A partir de la première cellule aperçue sur le protoplasma, l'être qu'elle représente se munira de cellules secondaires qui, à de certains moments, périront et seront remplacées par d'autres, travail de l'éternelle vie pour saisir sa figure et la compléter.

Il ne faut pas que l'extrême petitesse de la première cellule nous suscite un doute relativement à l'existence de la molécule vitale. La molécule vitale est un atome plus petit encore que la première cellule éclose sur le protoplasma. Celle-ci, présentement la science a trouvé moyen de la voir. Un merveilleux instrument, le microscope, qui peut grossir des centaines de fois, des milliers de fois même les objets, nous permet non seulement d'apercevoir la cellule, mais de distinguer son noyau (1), ainsi que d'autres petites granulations jointes au noyau.

« Parmi les propriétés les plus curieuses des éléments cellulaires des animaux, dit M. Le Dantec, se trouve la capacité de construire ou de régénérer l'organisme auquel ils appartiennent ».

Une capacité qui se manifeste à nous par des éléments purement morphologiques tient-elle uniquement aux propriétés chimiques des substances cellulaires? poursuit le savant biologiste.

(1) Toute cellule a un noyau, chacune des cellules qui vont sculpter l'organisme a un noyau ; mais toutes dépendent du noyau central constitué par la molécule vitale qui anime la première cellule.

— Non, répondrons-nous, ne cherchons point cette propriété de construction dans les éléments purement morphologiques, mais dans la puissance de la molécule vitale qui choisit les éléments des cellules pour ses besoins les plus divers.

Une nouvelle citation de M. Gustave Le Bon pour écarter de nous l'accusation qu'on serait tenté de nous adresser de n'être qu'un rêveur.

« La science de demain, écrivait-il dans la *Revue scientifique*, est composée surtout de la réalisation des rêveries d'hier... Le savant asservit de plus en plus la matière et le monde à ses lois. Les découvertes peuvent être dues à l'observation d'un esprit pénétrant, elles sont aussi le plus souvent la réalisation lentement poursuivie d'hypothèses en apparence chimériques, c'est-à-dire de rêveries. Il faut creuser ces hypothèses pendant longtemps avant de découvrir la part de vérité et d'erreurs qu'elles peuvent contenir. »

Pourquoi désespérerions-nous de voir un jour la molécule vitale ? Il faudrait la saisir à l'aide d'un microscope d'une puissance grossissante que la science n'a pas trouvée encore. Quelle gloire pour le chercheur qui la découvrira parmi les atomes ambiants, qui la saisira au milieu de cette danse vertigineuse d'atomes que le soleil éclaire par la fente pratiquée au volet d'une chambre obscure ; quelle gloire encore une fois ! quel triomphe ! Déjà nous pouvons faire ce prodige. Voir le noyau de la cellule ! Et autre prodige : le savant soumettant à sa volonté souveraine le plus insaisissable des corps, l'électricité, déjà domptée, qu il contraint de le servir sans fil conducteur.

Donc, l'univers atomique compte deux classes d'atomes, les *molécules vitales* — une trinité que cette molécule dont les trois termes sont vie, volonté, conscience et dont chacune contient intrinsèquement la figure de son espèce — et les atomes inertes. Il semble bien toutefois que ces derniers ne demeurent jamais inertes, excités qu'ils sont sans cesse au mouvement, par les atomes-vies qui les rangent, les dérangent, pour les ranger encore. Nier l'existence de ces atomes serait de la folie. Comment alors nous expliquer logiquement les figures ou plutôt les espèces diverses qui peuplent la planète ? Personne n'a vu la *force* que nous appelons *molécule vitale*, qui fait les êtres vivants, et pourtant il y a la vie ; personne n'a vu la substance et pourtant il y a les corps simples dont les combinaisons font les figures des êtres.

Expliquer la vie par l'atome vivant, la spécialité des figures par la spécialité des molécules qui créent leurs formes, n'est pas dire le pourquoi de la vie. Un grand mystère recouvre toujours ce pourquoi. M. Charles Richet affirme que nous ne lèverons jamais la pierre qui le scelle à nos investigations hypothétiques. Mais, qu'on l'avoue ou non, nous savons que la recherche de ce pourquoi qui se dérobe sans cesse est la préoccupation constante de l'homme.

L'infiniment petit dans la Nature a une valeur non moins réelle que l'infiniment grand. Une molécule vitale peut avoir créé les noyaux de la Terre, du Soleil, de Sirius, de toute étoile de première ou de dixième grandeur, une molécule vitale peut avoir créé les noyaux de l'homme, du lion, de la fourmi.

A défaut de savoir pourquoi la vie existe, nous pourrions, ainsi que le pense M. Richet, concevoir pourquoi telle forme de la vie existe. Pour cela, apprenons à voir large. Notre impatience de savoir pendant la courte durée de notre existence présente, nous trompe quand elle nous décourage de toute étude sur le moi vivant. Le passage des phénomènes qui pour nous représentent le temps, est justement l'affirmation de notre éternité. Celui-là est à plaindre, qui croit que le livre puisse être fermé. Le livre est toujours ouvert. Voilà ce que nous essaierons de prouver dans ce nouveau volume qui fait suite au *Moi éternel* et que nous intitulerons :

LES DESTINÉES DU MOI

Chapitre II

Causalité

Revenons un instant sur la *Molécule vitale*.

Et d'abord quelle peut-être la cause de la vie ?

Une seconde question nous semble non moins essentielle à poser et le savant maître Charles Richet, va se charger de la formuler ; pourquoi, demande-t-il, *telle forme* de la vie existe t-elle ?

— Parce que, répondons-nous, un atome spécial de la matière, que nous nommons la molécule vitale, est à la fois la cause de telle vie et de telle forme de la vie.

— La preuve ?

— Elle ne se fera pas tout de suite et la méthode expérimentale devra nous y conduire.

1° Il faut en premier lieu constater.

2° Il faut que l'hypothèse suive la constatation.

3° Il faut expérimenter pour trouver une solution à l'hypothèse.

4° Enfin il faut de la solution trouvée, tirer des inductions.

Notre livre devra contenir méthodiquement des arguments en faveur de ces quatre propositions.

Constatons d'abord que la nature emploie toujours

des procédés semblables pour créer des figures : noyau ou commencement, agencement de molécules ou croissance dans le sens du dessin préconçu de la figure, désagrégation des molécules de la figure qui s'évanouit, ne laissant plus d'elle aucune trace.

Quoique employant pour tous les êtres ces mêmes moyens biologiques, la nature a nettement séparé certains de ses travaux et à cette séparation nous avons autrefois donné le nom de règnes.

Il y en a trois, dont deux, à un moment de l'évolution terrestre qu'il semble impossible de connaître, ont été soumis à la sexualité.

On ne la constate pas dans le premier règne, la *minéralogie* vie sourde dont les parcelles en tous cas semblent presque exclusivement appartenir à la non-vie.

Le règne végétal montre franchement ces trois phases : noyau, croissance, décroissance, depuis la prêle légère jusqu'à l'orme puissant. Le végétal est l'esclave enchaîné à la terre en ce sens que la nature le force de demeurer où elle l'a fait pousser.

Le règne animal est très complexe, car il comprend les insectes, les poissons, les oiseaux, les mammifères, etc.

Herbert Spencer affirme que depuis le moment où la vie a commencé jusqu'à l'heure présente, un accroissement continu dans la différenciation et l'intégration s'est traduit par la multiplicité des types et qu'une autre intégration, celle de l'agrégat général des choses vivantes, prouve *l'interdépendance* qui les unit.

Nous ne saurions partager sans restriction, l'opinion de l'illustre biologiste.

Sans doute, depuis le moment où la Terre, informe encore, produisait les protozoaires, une multitude de types sont sortis de ces premiers vivants ; mais pour les confondre ensemble, d'après l'idée d'Herbert Spencer, comme issus en quelque sorte d'un même jet, d'une même matière, il faudrait être sûr que tous ces protozoaires venaient d'une substance absolument homogène et étaient égaux de forme et de grandeur. Or, l'on ne possède nullement cette certitude. Nous sommes plutôt porté à penser que, sous une apparence semblable, ces protozoaires différaient essentiellement, les uns portant en soi les éléments du règne végétal, les autres les éléments du règne animal. Et s'il y a eu *interdépendance* dans leur union, elle ne l'était qu'entre des êtres appartenant aux mêmes espèces, espèces qu'ils devaient en effet développer à mesure que le sol se modifiait et leur permettait de se modifier à leur tour. La fonction des organismes, — dont s'occupe Herbert Spencer pour expliquer son idée dans le sens du transformisme, — la fonction des organismes, certains décomposant l'acide carbonique et certains l'exhalant, peut s'appliquer à tous les types quels qu'ils soient, puisque de fait tous les êtres vivants absorbent et rejettent cet acide dans leur croissance. Il n'y a non plus aucune raison de penser que cette « division de fonctions » soit la preuve d'une « interdépendance » des groupes qui se sont dessinés plus tard.

Les chapitres suivants établiront, au contraire, la séparation, non seulement des groupes d'êtres, mais l'individualité de chacun des êtres qui composent ces groupes.

La nature, qui n'a rien changé à la façon qu'ont tous les êtres constitués de se reproduire, a cependant établi des règles différentes pour chaque groupe, preuve encore de la démarcation qu'elle semble avoir voulu établir entre eux. L'oiseau sort de l'œuf en naissant ; la grande famille des poissons comme celle des reptiles est privée des mains et des pieds accordés aux animaux dont les femelles sont mammifères.

Une singularité de la nature qu'il faut bien signaler et que nous allons expliquer. La baleine a des mamelles.

La baleine est-elle un poisson ? — Non.

Pour nous ce cétacé a survécu à une classe de gros animaux, *les mastodontes*, aujourd'hui éteinte, la Terre ne présentant plus le milieu où il leur était possible de naître. L'eau a-t-elle préservé la baleine ou celle-ci n'est-elle qu'une classe peu nombreuse d'êtres parmi lesquels sont les dauphins et les cachalots ?

Cette bizarrerie qui fait de la baleine un habitant des mers à mamelles ne nous présage rien de rassurant pour sa future existence. Elle nous semble destinée à disparaître longtemps avant les générations d'animaux dont elle demeure encore la contemporaine. La molécule vitale qui la représente aujourd'hui, cessera dans un avenir, relativement peu éloigné, de fournir au monde des baleines et se remêlera aux molécules des vieux mastodontes, cachées comme celles-ci dans les antiques terrains qui les avaient vu naître.

L'intelligence de l'homme est hors de toute proportion avec celle des bêtes ; mais l'intelligence des bêtes diffère en valeur selon les espèces. L'infime taupe qui creuse son trou dans la terre pour s'y réfugier ne peut être comparée au chat, au chien qui nous connaissent et nous aiment.

L'intelligence humaine seule est capable de progrès. Ceux qui ont cru voir progresser les bêtes se sont trompés, car si l'on a surpris certaines modifications dans leurs manières, c'est à nous qu'elles en sont redevables ; cessons de nous occuper d'elles, abandonnons-les à leur naturel, peu de générations suffiront pour les rendre à leur primitive sauvagerie.

L'homme au contraire, s'il retourne en arrière, et il n'y retourne que trop souvent, ne retombe jamais jusqu'au bas degré de l'échelle. Dès le commencement, quelques esprits éminents se sont montrés, ont donné l'essor, semblables à des flambeaux allumés de place en place pour éclairer les intelligences demeurées obscures. L'humanité dans son instinctive reconnaissance, a conservé vaguement les noms de ces premiers bienfaiteurs : Triptolème l'agriculteur, Prométhée qui a trouvé le feu, Noé le vin, Hercule l'exterminateur des bêtes monstrueuses dont ils redoutaient la force, etc.

A ces lointaines époques les bêtes pullulaient sur la terre. Les terrains que nous pourrions continuer d'appeler plutonniens tant la croûte du globe, encore mince, était brûlante, nous ont conservé des vestiges de ces animaux. Ce sont les fossiles qui nous racontent l'histoire des premiers âges. Des milliers de fois notre planète avait fait dans l'espace le tour de notre lumineux soleil avant l'apparition de l'homme et des milliers de fois encore elle avait tourné avant que celui-ci se fût organisé en sociétés, eût fondé des villes et élevé des monuments.

L'esprit des hommes était donc bien faible, quand ils ont commencé à s'associer entre eux. De confus souvenirs imprimés par la géologie nous l'ont suffisamment démontré. Mais nous savons que, déjà prédestiné parmi tous les êtres, l'homme chercha à savoir, qu'il regarda en haut, astronome ignorant, qu'il bagaya des mots, articula le langage et qu'enfin il fixa sur la pierre des signes correspondant à son langage. Que de siècles se sont écoulés pendant qu'il apprenait à se façonner des outils ! en pierre d'abord ; puis il y employa le bois de ses forêts, l'airain ensuite ; que de siècles avant qu'une lueur de son histoire eût percé les ténèbres des âges où il avait vécu ! Le géologue, instruit par ses fouilles dans les terrains superposés de la croûte du globe, nous parle de millions d'années.

Ainsi les hommes ont toujours progressé depuis qu'ils sont sortis de l'ère sauvage où ils n'étaient guère supérieurs aux animaux dont ils avaient à se défendre ! Mais qu'ils étaient grands déjà les hommes de la terre d'Egypte, les hommes de Thèbes et de Ninive ! leur génie était bien incomplet sans doute ; car à ces époques anciennes, ils ne pouvaient qu'être d'accord avec la Terre en voie elle-même de formation. Ils ne pouvaient pas savoir ce que les temps postérieurs devaient révéler à leurs descendants. Persuadés que notre planète était le centre de l'univers d'où partaient toutes choses, ils ne voyaient dans les astres que des clous d'or destinés à éclairer les nuits. Les documents qu'ils nous ont laissés nous renseignent sur ces particularités de leurs croyances.

Respectons les enseignements des ancêtres ; ayons plus de confiance en ceux des modernes qui ont tiré grand profit de l'astronomie, de la chimie, de la géologie, de la botanique, de la zoologie, de l'anthropologie, de la physiologie, etc. Reportons tout au moi humain qui nous intéresse particulièrement. Nous voudrions tirer en quelque sorte l'horoscope de sa destinée, sans nous dissimuler la tâche ardue que nous entreprenons. Pourtant si nous avions saisi une vérité en regardant au fond des lointains avenirs, aurions-nous le droit de nous taire ? nous ne le pensons pas.

Notre ambition d'abord serait de ramener les hommes à cette pure idée que beaucoup aujourd'hui ont le malheur de méconnaître, la *fixité de l'espèce*. C'est bien un malheur en effet que cette interprétation erronée de l'œuvre des Lamarck, des Darwin, dont on a fait le transformisme, interprétation fatale qui mène droit au scepticisme, au découragement plutôt. Rien à dire, si les partisans du transformisme avaient raison ; mais ils se trompent. C'est ce que l'on comprendra si l'on consent à nous suivre jusqu'à la fin.

Or, tous les moi vivants sont éternels comme la matière, et individuels de même que l'atome ou molécule de chacun des corps simples reconnus par la chimie.

Si la transmutation des corps simples est impossible, — nous nous appuyons dans ce cas sur l'affirmation même de Berthelot — la transmutation des moi-molécule ne l'est pas moins, et la figure de ceux-ci aujourd'hui est l'œuvre du temps qui les a sans cesse *modifiés* et non *transformés*.

La molécule vitale ou force vie est *da se* dans la Nature. C'est d'elle que viennent tous les mouvements de l'éternelle matière, produisant éternellement des astres dans le cosmos et des êtres sur les planètes.

La molécule vitale est la cause nécessaire et efficiente de la vie. C'est le fondement rationnel de l'être en soi et par soi. La vie serait inexplicable sans cet atome-force, car le protoplasma, encore une fois, n'est pas la vie, mais en quelque sorte le substratum de la forme que va prendre la vie.

L'homme dont l'intelligence est si merveilleuse, dont l'esprit s'est élevé jusqu'à cette acquisition incomparable, la raison, auquel son génie a créé une supériorité qui le rend capable d'apprivoiser et d'asservir à son usage des milliers d'êtres qui vivent autour de lui, l'homme va vers une destinée que nul animal de la Terre ne possèdera jamais.

Voyez son moi superbe perçant les ténèbres des âges, se développant dans le temps et arrivant, sculpteur prédestiné, à une forme pleine de grâce et de régularité, avec ses pieds posant sur le sol et si petits ! pour supporter le poids de son corps ; avec sa taille élevée et droite, ses mains fines, aux doigts agiles, terminant des bras proportionnés à sa stature ; avec la beauté de sa tête proche des cieux ! ses yeux de lumière, son noble front et son admirable cerveau recélant dans des circonvolutions mystérieuses : pensée, génie et raison !

Il est maître dans le présent ; il fut, informe encore, maître dans le passé ; il sera maître dans l'avenir !

Pour le concevoir avec cette triple puissance attachée à son titre d'homme, il faut également le concevoir immortel par rapport au globe avec lequel il est solidaire. Nous avons déjà soutenu cette thèse, la *fixité de l'espèce* (1), que l'on avait abandonnée comme provenant d'une source surnaturelle. Pas plus que les modernes, nous ne prétendons nous appuyer sur la Bible, mais sur la *molécule vitale* conception qui nous est particulière et qui remplace, ce nous semble, avantageusement, l'X du transformisme, embarrassé pour trouver une base à ses explications de la vie.

Le savant directeur de la *Revue scientifique* dit bien que nous pouvons concevoir « pourquoi telle forme de vie existe » et il consent à reconnaître que ce n'est point « par hasard » que certaines parties du corps sont agencées pour certaines finalités. Pourquoi alors se taire sur l'agencement de la figure entière ?

Si la molécule vitale a échappé jusqu'ici à nos instruments, la vie même nous la prouve ; nous la constatons par la vie même ; l'hypothèse ici devient

(1) *Le Moi éternel.* Librairie d'éditions scientifiques, 4, rue Antoine-Dubois.

une réalité, puisque ni la cellule naissant sur le protoplasma ni le protoplasma, petit amas de corps simples, chacun inerte et par conséquent impuissant chimiquement, ne sont en soi la vie. Il faut nécessairement qu'une force cachée ait rassemblé les corps où se pourra montrer la première manifestation de la vie : la cellule. De ce concept ressort la fixité de l'espèce, puisque chaque molécule vitale contient la forme qu'elle acquerra avec le temps. Mais continuons :

Chapitre III

Malacologie

La chimie nous enseigne clairement ce que valent comme poids, couleur et densité les corps simples qui entrent dans la figure d'un moi. C'est parce que la chimie a su dégager l'hydrogène de tout corps où il se trouvait mêlé ; c'est parce que la chimie a su soumettre à l'expérience l'air composé d'oxygène et d'azote — deux gaz plus lourds que l'hydrogène — que l'homme a pu monter mieux que l'oiseau à des hauteurs prodigieuses, dépasser de beaucoup les cimes élevées des montagnes que recouvrent les neiges éternelles. Mais au-delà de ces hauteurs l'air se raréfie... il faut renoncer à poursuivre le chemin dans l'espace... On étouffe..

Pourtant, le savant veut connaître et connaître encore... il veut savoir ce que contient cette portion d'éther qui enveloppe la planète... Comment va-t-il s'y prendre, puisqu'il ne peut y aller lui-même ?

Eh bien ! il invente le ballon-sonde ! Il le fera porteur de certains instruments de précision qui, au retour de l'ascension, lui révèleront les mystères qu'il ignore, qui lui diront les tempêtes des océans aériens, les grêles engendrées par les terribles froids d'en-haut et précipitées en ouragans redoutables sur la surface de la Terre. Les hautes montagnes de l'Himalaya ne sont rien pour ces vaisseaux hardis que la science expédie dans l'air. Ils montent, ils montent jusqu'aux confins des régions éthérées de notre atmosphère, ils montent de quatre à cinq lieues sur la verticale : soixante degrés de froid !

Conçoit-on une montée haute de vingt kilomètres et quel espoir on peut fonder sur cette nouvelle invention de la science ! Savoir la cause des bouleversements de notre atmosphère, ne serait-ce point, dans un temps prochain peut-être, savoir s'en préserver ?

Nous avons dit, dans *Le Moi éternel*, que la chimie a su peser l'atome. Ainsi, elle nous apprend que, en calculant les poids atomiques des éléments d'après les proportions de leurs combinaisons avec l'oxygène : 16.000, l'uranium (U) est le plus lourd des corps simples et qu'il pèse 239,5 ; que le plomb (P. B.) pèse 206,9 ; que le mercure (H. G.) pèse 200,3 ; que l'or (A. U.) pèse 197,2 ; que l'argent (A. G.) pèse 107,73, etc., etc. La chimie n'a point dit son dernier mot sur la variété des couleurs, ni sur la variété, plus grande encore, des nuances. Ne pourrait-on voir, dans ces innombrables variétés de toutes choses, l'action des innombrables variétés d'atomes recevant le choc de la lumière chacun de façon différente ?

On a pourtant cherché à réduire toutes ces variétés d'atomes, avec leur poids, leur couleur, leur densité, en une substance unique. Nous en parlerons plus loin. Disons, toutefois, que la matière s'offre à nous sous l'aspect de l'hétérogénéité, puisque la chimie compte un très grand nombre de corps simples.

La figure de chaque moi est faite d'atomes auxquels la molécule vitale imprime un mouvement perpétuel; de là résulte ce que nous pouvons croire logiquement, le hasard.

L'être, dans ses infimes commencements, sous la figure d'un protozoaire ou d'une cellule, choisit dans l'ambiance pour se nourrir et, *selon son espèce*, des agrégats d'atomes; mais ces agrégats se composent d'atomes variés, puisque c'est déjà un commencement de travail pour créer l'organisme représentant ce protozoaire et cette cellule. Nous savons que dans tout organisme il entre, en effet, beaucoup de corps simples dont l'arrangement est fait par la chimie. Or, il arrive que le milieu où puise l'être, nous pourrions dire en construction, ne lui est pas toujours favorable, ou qu'il se nourrit trop ou insuffisamment. De là cette prodigieuse variété des êtres, même d'une espèce semblable, dont le médecin dit qu'ils sont sains ou malsains et l'esthétique qu'ils ont de la beauté ou de la laideur.

D'après cela, toute cellule primitive diffère de toute autre cellule primitive, de même que deux figures d'une espèce semblable ne sont jamais identiques. C'est ce qui établit l'individualité de chacun. Par exemple, deux jeunes filles peuvent être très belles l'une et l'autre et ne se point ressembler. Aucun produit d'aucune espèce n'est absolument identique. C'est, encore une fois, à ce mélange d'atomes divers dont s'est nourrie la molécule vitale et, plus tard, l'embryon, qu'il faut attribuer dans les espèces la diversité des figures. La force ou la faiblesse d'un être, sa santé ou sa maladie sont dus à l'agencement des atomes qui constituent son organisme.

Mais l'atome est un être si infiniment petit que nous ne pouvons pas même le voir avec le microscope. Quoi d'étonnant à ce que la molécule vitale, atome vie, nous échappe. Et pourtant, la grande Nature est pleine de ces petits êtres dont l'ensemble prend le nom de substance ou matière, et dont les agrégats, mélangés de tant de façons, font les choses. Les forces-vies ou molécules vitales, sans cesse en recherche d'atomes pour bâtir leurs figures, sont la cause des mouvements divers qui se produisent dans la matière. La variété des formes peut s'expliquer par la variété des molécules vitales. Ce concept donne lieu à l'hypothèse que voici :

Puisque la molécule vitale est *une*, la figure qu'elle porte en soi est également *une*, c'est-à-dire *fixe*.

Un temps très long lui est nécessaire pour la

forger ; elle cherche les atomes, elle choisit parmi eux, elle essaie de mille façons son ouvrage avant de réussir la figure où la relègue fatalement son espèce ; réussir sa figure est la finalité première, on pourrait dire, de la molécule vitale. La malacologie est l'étude de ces essais successifs auxquels se sont livrées les molécules vitales et dont nous pouvons voir dans quelques curieux musées les figures bizarres.

Ces figures, à l'état gélatineux, ont été prises toutes vivantes et dans leurs vifs mouvements, par le dessinateur armé du microscope. L'artiste les a grossies ensuite pour en faciliter l'étude. Tâchons de décrire quelques images :

Voici des *hydres* à branches terminées par des espèces de fleurs ou par des doigts, etc. Les uns sont les organes nourriciers de l'hydre, les autres ses organes reproducteurs.

Examinons ces *Méduses* aux figures variées :

Une sorte de casque vide pourvu de chaque côté de deux cornes ; une espèce de cloche garnie à son extrémité d'un panache de cils nuancé si gracieusement qu'on l'a baptisé du nom poétique d'*anémone de mer*.

Il y a des *polypes* qui ont l'apparence de branchages et qui ont des feuilles et des fleurs toutes fantaisistes.

Ces animaux ne sont pas tous gracieux comme les précédents. Il s'en faut. Il y en a d'un aspect si désagréable qu'ils en sont dégoûtants ; d'autres qui sembleraient effrayants ; voici un ver annelé qui porte un grand nombre de bourgeons à son extrémité postérieure ; voici un long serpent dont la partie supérieure est beaucoup plus mince que sa partie inférieure ; le tout garni de cils, a véritablement un aspect répugnant.

Le *trochosphère*, arrivé à la moitié de sa figure de ver annelé, a un dos en forme d'ombrelle sur laquelle s'ouvre une laide bouche et se dessine un collier garni de cils.

Nous citerons des *Méduses* munies d'un assez grand nombre de tentacules, bras terminés non seulement par plusieurs doigts sans mains, mais qui supportent des groupes semblables à des œufs dans un nid, et au pied des pousses tentaculaires, on dirait qu'un serpent s'enroule.

Parmi ces formes étranges des animaux gélatineux, remarquons un *trochosphère* (forme larvaire du ver annelé et du mollusque) qui est pourvu d'une ceinture de cils vibratiles, d'une bouche placée au-dessus d'un boyau qui représente les premiers rudiments du tissu interne de l'animal et qui est pourvu d'un orifice postérieur pour rejeter les effets de la nutrition. Ce trochosphère, en voie probable de faire un être qui vivra sur le sol de la planète, a une forme des plus illogiques en apparence, puisque le dessin en est à peu près celui d'une sphère.

Une singulière figure parmi les *rotifères*, celle du *pedalion mirmum*. Il a un large anneau cilié, un petit œil imperceptible par rapport à l'anneau, un corps grotesque pourvu de deux espèces de bras en forme de cornets ; sur chaque pointe de ces cornets s'allongent des cils ciliés eux-mêmes. La description de cet animal est presque impossible à réussir, tant il est petit et tant il est difficile d'en obtenir l'image au microscope.

Dans une certaine série de polypes, l'œuf paraît se hâter de constituer un organisme compliqué et la science paraît attacher une grande importance à ce phénomène de l'accélération embryogénique. Elle ne semble pas, cependant, avoir découvert encore si cette hâte de parvenir à l'embryon indique que l'acalèphe arrivera plus tôt que tout autre à sa forme définitive, cette forme qui est, à coup sûr, le but suprême des animaux gélatineux.

Mais nous nous arrêtons, il faudrait des volumes pour dépeindre tous ces animaux en voie de se former et qui poursuivront leur travail pendant des siècles et des siècles avant de l'avoir terminé.

Evidemment, la thèse des Lamarck et des Darwin affirmant que l'être a commencé infime pour arriver à sa taille d'aujourd'hui, est parfaitement logique. Toutefois, l'esprit doit suppléer à l'expérience qui manquait à ces hommes de génie et qui nous manquera toujours, pour deviner ce qui a dû se passer pendant les millions de siècles écoulés entre l'apparition de ces plastides sur une planète alors couverte de boues liquides et les êtres constitués des époques préhistoriques. Ce que nous soutenons — malheureusement contre trop de partis-pris et de préjugés, — c'est que le hasard aveugle n'a point présidé à la formation des êtres (ni Lamarck ni Darwin ne l'ont dit). C'est que les êtres, pour se former, suivaient un plan, un dessin fixé d'avance et que ce dessin existait dans la molécule vitale.

Chapitre IV

Zoologie

Le génie de Lamarck, avant Geoffroy-St-Hilaire, avant Darwin, a pénétré profondément dans la vie, qui se manifeste de tant de manières. Il a pensé que les animaux compliqués se sont montrés d'abord sous la forme la plus simple ; et non qu'a une certaine époque, ils avaient apparu tout d'un coup avec la figure qu'ils ont aujourd'hui.

Cette forme rudimentaire des animaux existe encore dans les eaux. Elle consiste en une seule cellule que nous avons nommée *plastide* ou *protozoaire*.

Mais déjà ce plastide, auquel la molécule vitale vient de communiquer la vie, a besoin de se nourrir ; il possède un noyau qui exige la nutrition et une vésicule pour expulser les déchets de la nutrition.

Notons que la petitesse de cet être nous impose l'usage du microscope sans lequel nous ne pourrions le voir.

L'être ne tarde pas à commencer de croître. Et notons encore que ces protozoaires si petits sont déjà des animaux divers, appartenant sans nul doute à toutes les classes qui se dessineront plus tard.

Si vous regardez dans un microscope où vous avez

placé une goutte d'eau de rivière ou d'étang, vous êtes étonné du nombre d'infusoires qui se trouvent dans cette goutte d'eau. On en voit courir avec une vivacité qui témoigne bien qu'ils sont vivants. Chacun de ces petits êtres représente la forme saisie alors par la molécule vitale. C'est celle-ci qui l'anime, qui l'incite à chercher dans l'ambiance les atomes propres à lui constituer un organisme. Et, en effet, le plastide passe bientôt de cette forme éphémère à une autre figure. Il s'étire en prolongements qui produisent d'autres cellules, lesquelles s'adjoignant au premier plastide, lui constituent un commencement de figure.

Les plastides se multiplient par scissiparité, s'unissent par des prolongements temporaires et forment ainsi des organismes pluricellulaires, qui ont toujours pour point de départ un plastide unique ou œuf. A mesure que ces êtres grandiront, ils s'adjoindront des agrégats de plastide, toujours provenant du premier et se reliant par leurs cils vibratiles. Si le premier plastide, l'œuf, augmenté de ses agrégats, était atteint, l'organisme entier serait atteint. Ce serait la mort. C'est que la molécule vitale de qui vient l'œuf ou premier plastide, atteinte dans son élément nécessaire, comme le serait quelqu'un frappé au cœur par une balle, cesse alors d'animer le groupe pluricellulaire qui constituait son organisme et le tout disparaît.

Tous les organismes pluticellulaires demeurés intacts vont se propager, devenir plus ou moins complexes, former des séries. Les plus simples seront composés de groupes des mêmes agrégats, ces premiers groupes, les *mérides*, formeront des groupes de plusieurs mérides qui deviendront alors des zoïdes ; mais les mérides comme les zoïdes peuvent se séparer, former des êtres nouveaux et indépendants.

Nous expliquons ainsi ce phénomène : Une molécule vitale s'est emparée d'une des cellules nées de la première, cette cellule, comme sa mère, a fait éclore un œuf et va à son tour constituer un être complexe, indépendant. D'autres succèdent de plus en plus compliqués. Et toute cette engeance descend pourtant d'une primitive cellule. C'est ce qui se passe pour tous les êtres qui, en effet, à quelque série, à quelque espèce qu'ils appartiennent, proviennent toujours d'un œuf. Le premier œuf a fourni à ses descendants les rudiments anatomiques dont s'empareront les molécules vitales pour continuer la lignée. L'observation nous montre à un certain moment de la vie d'un méride des mérides qui semblaient faire partie de son organisme, s'en détacher cependant pour former des être nouveaux indépendants, ayant une bouche, un estomac, une cloche locomotrice et des organes reproducteurs.

C'est ainsi que tous ont commencé, variant à l infini leur travail, le formant peu à peu d'un derme, d'un endoderme, d'un exoderme qui représentaient les trois parties essentielles de leur organisme. En voyant la multitude des formes grotesques gélatineuses dont nous avons tâché d'esquisser quelques-unes, nous pouvons nous imaginer combien de longs siècles leur ont été nécessaires pour reproduire le dessin qui était le but final de leur labeur.

La science les peut suivre tant que leur travail reste rudimentaire, aller jusqu'à saisir la composition de certaines formes larvaires, de certains vers, connaître la segmentation du corps des vertébrés ; mais que loin il y a de ces êtres mal ébauchés à la majestueuse figure du lion, à la noble prestance de l'homme. Heureusement la belle intelligence de celui-ci suppléera aux renseignements que nous eussent procurés les siècles passés, si le mouvement incessant de la matière n'avait tout remué, tout changé.

Mais la terre se modifiait en même temps que se modifiaient les êtres. Toutes les forces-vies semées sur la planète naissante, s'accordaient en mouvements harmonieux avec la chaleur, la lumière, l'électricité répandues sur le globe. Les milieux se faisaient où naissaient les protozoaires. Les corps inertes de ce milieu animés par les molécules vivantes, servirent à l'anatomie et à la construction des formes complexes. Les êtres naissants cherchaient dans l'ambiance les atomes qui pouvaient le mieux satisfaire leurs appétitions et les rapprocher de la forme qu'ils devaient obtenir dans la suite des siècles.

Des preuves convaincantes nous sont fournies par cette multitude de figures gélatineuses dont le Muséum nous offre tant de spécimens. Toutes ces figures que le microscope permettait de dessiner ont été vivantes, toutes ces images grotesques ont été prises comme on dit, sur le vif dans les laboratoires. Il n'y a là rien d'arbitraire. Pourquoi ces cils enchevêtrés ? pourquoi ces surprenants animaux ? c'est que ces êtres, si petits alors et si diversement tournés, cachaient sous leur molle gélatine, les éponges, les poissons, les oiseaux, les lions, les singes, les hommes, etc.

Sans doute la science a deviné, par exemple, que les vers annelés, les tuniciers étaient parvenus à ce moment de leur longue genèse où ils allaient devenir des vertébrés. Mais que de vertébrés divers ! et aussi que de tuniciers qui paraissent identiques et qui sont cependant différents ! mais nous ne voyons pas les atomes dont le mélange fait des individualités. Le ver annelé qui est devenu serpent restera serpent si sa forme ultime a été atteinte ; le tunicier qui est arrivé jusqu'au vertébré continuera à progresser jusqu'à ce qu'il tienne sa figure d'oiseau, de quadrupède ou de bipède.

Il est évident que chacune des espèces comprises dans les néphridiés dont les uns devaient s'arrêter à l'ophidien rampant, les autres atteindre jusqu'à la figure glorieuse de l'homme, étaient composés d'agrégats moléculaires très dissemblables, bien que, en apparence, leurs éléments anatomiques samblassent souvent identiques. La nature est si riche d'atomes ! Elle a en réserve des atomes spéciaux, non seulement pour chacune des espèces d'animaux, pour chacune des espèces de végétaux, mais encore pour chaque individu de ces espèces.

Enfin la fourmi s'est parée de son extérieur vif et léger ; l'oiseau a trouvé ses plumes gracieuses, le poisson ses écailles, le carnassier sa peau rugueuse, le singe ses longs bras, son ventre énorme, ses yeux clignotants, son agilité ; l'homme son beau front et sa taille élégante : Comment n'a-t-on pas vu dans toutes ces différences de formes et d'espèces (ces différences se marquent dès les organismes pluricellulaires et se groupent en séries), comment n'a-t-on pas vu l'idée préconçue par la nature de toutes ces formes, de toutes ces espèces ? Comment n'a-t-on pas deviné dans chacun des moi un individualisme précis ? Comment a-t-on pu se tromper sur l'indépendance intrinsèque de chaque moi ? Quoi ! les découvertes, les travaux des Lamarck et des Darwin aboutissant au hasard ? A la nuit du hasard ! Quelques lacunes dans les enseignements de ces hommes de génie ne peuvent autoriser ni excuser le transformisme, jugez-en :

La terre humide et chaude, dit Lamarck, était

alors propice aux premières apparitions des êtres. Ceux-ci furent aussitôt soumis au besoin de nourriture. — Le précurseur de Darwin fonda sa théorie sur ce besoin. — Il poursuit : Comme en raison de la différence des milieux que leur offrait la planète, ils ne pouvaient tous satisfaire leur faim de la même manière, il se faisait dans leurs habitudes des variations considérables. La faim leur aidait à se créer des organes avec lesquels ils pussent facilement saisir leur proie ; mais comme l'animal jouit de la faveur de se mouvoir, il arrivait qu'il se transportait dans des milieux où certains organes lui devenant inutiles s'atrophiaient faute d'usage. C'est ainsi que des formes acquises, étaient parfois perdues et que d'autres, au contraire, se modifiaient, se perfectionnaient. Ces organes, quels qu'ils fussent, étaient transmis aux descendants : Voilà de quelle façon Lamarck expliquait *l'origine des variations dans les formes animales.*

Cette théorie qui aurait pu s'appliquer aux animaux, devenait illogique quand on la rattachait aux végétaux. En effet, si les plantes de même que les animaux, ont la volonté de vivre, elles n'ont pas, comme ces derniers, la faculté de changer de place, étant fatalement rivées au lieu même où elles ont commencé de croître (1).

(1) On découvre, il est vrai, des plantes qui ont en quelque sorte émigré d'un climat devenu mauvais pour elles, et semblent

Comment Lamarck se tirait-il de la difficulté?

Il ne s'en tirait pas. Ce n'est donc point à des changements de milieu qu'il faut attribuer l'origine des variations dans les forme des êtres.

Pour expliquer *l'origine des espèces*, Darwin emprunte à Lamarck ses idées sur l'hérédité des caractères acquis. Nous venons de voir que la base est défectueuse; néanmoins Darwin passe outre, et va de cette hérédité des caractères acquis par les anciens, déduire toutes les espèces qui se sont montrées chez leurs descendants.

Celles-là aussi, vont chercher, non seulement, des milieux favorables, mais elles vont se combattre entre elles, et ainsi réussissent à se sustenter ; cela au prix de grandes injustices (la morale n'était point encore de ce temps-là). Les animaux qui avaient réussi à se créer de forts organes battaient les faibles dont ils prenaient sans remords la nourriture et avec sans plus de vergogne, les délogeaient de certains endroits favorables pour se mettre à leur place.

Voilà ce que Darwin appelle *la lutte pour la vie*.

Ce n'est pas que de nos jours les forts n'éprouvent de grands avantages et satisfactions à battre les

---

s'être transportées dans un milieu plus favorable à leur épanouissement, cela ne change en rien ce que nous venons de dire. Ces esclaves de la fatalité qui les rive à une place, par leurs graines que les vents ou toute autre cause ont éparpillées sous de nouveaux climats, ont pu ainsi sauver leur descendance de la complète disparition. Elles ne se sont pas transportées elles-mêmes.

faibles; mais en civilisation tout ça s'arrange tantôt bien, tantôt mal ; dans ces vieux temps, au contraire, les horreurs de la lutte devaient tourner à bien pour les générations futures Tous les faibles furent massacrés jusqu'au dernier. Il ne resta plus que les esprités qui, ayant acquis des membres plus robustes et mieux conditionnés, les transmirent à leurs descendants.

Ainsi ce serait à cette lutte des forts contre les faibles ; à cette lutte des habiles contre les imbéciles que la planète devrait l'avantage de nourrir une si grande quantité d'animaux supérieurs.

Et les plantes, que deviennent-elles dans la bagarre ?

Nous savons bien que sous un très gros arbre, très branchu, étendant son ombre largement autour de lui, les semences ne lèvent ni ne germent guère ; que les pauvres herbes viennent mal et se dessèchent vite ; mais où se trouve la *lutte* dans cette circonstance ? Si j'étais petite herbe sous ce large pommier, j'accuserais le Destin de m'avoir mal placée et ne m'aviserais pas de me plaindre de l'arbre, ce qui serait injuste de ma part ; mais si j'étais envieux comme tant d'autres, je souhaiterais de m'épanouir à la place de cette jolie pâquerette qui montre sa mignonne tête au milieu d'un vert gazon, et que l'avide pommier (prenant autour de moi les sucs de la terre et de l'ambiance et m'empêchant ainsi de croître) et que l'avide pommier ne saurait atteindre à l'endroit délicieux où elle fleurit.

La thèse de Darwin aurait une apparence de vérité si la planète ne nous montrait plus que des forts ayant partout triomphé des faibles ; si la poigne brutale était partout devenue la maîtresse. Que devient cette théorie, par exemple, en présence de deux animaux, l'un carnassier terrible, et l'autre petite bête assez rusée et agile pour se soustraire à l'appétit vorace du premier, et deux hommes encore, l'un géant puissant et audacieux et l'autre maladif comme un Pascal qui trouve la pesanteur de l'air ?

Non, non, encore une fois, ce n'est point aux luttes des êtres entre eux que nous devons la multitude de leurs espèces. Ils se sont créé autrement les figures variées et les habitudes diverses que nous offre sur la planète chacune de leur série.

Après Lamarck, cherchant l'origine des variations dans les formes animales ; après Darwin essayant d'expliquer par la lutte des êtres entre eux l'origine des espèces, un jeune professeur au Muséum, aujourd'hui appelé, par le vote de ses collègues, à l'administration de ce grand établissement, M. Edmond Perrier, a abordé un troisième problème : *La formation des organismes*.

« Les formes complètes du règne animal, dit-il, ont-elles été réalisées d'emblée ou produites par étapes successives. N'est-il pas possible de reconnaître, dans la réalisation de ces étapes, l'exercice constant de quelque faculté, commune aux êtres vivants ? »

C'est ce que nous aurions voulu dire, en ajoutant toutefois *de leur espèce* après le mot *vivants*.

Et le professeur cherche sur les animaux qu'il peut se procurer le plus aisément, les êtres à l'état de gélatine ; il cherche et trouve en effet des familles ancestrales qui se poursuivent chez leurs descendants et dont, malgré des variations marquantes, il tire la solution du problème qu'il s'efforce de résoudre ; à savoir que les formes des êtres se sont faites par *étapes successives*, à mesure que les descendants d'un premier type acquéraient, on pourrait dire, plus d'habileté, par l'exercice constant de certaines facultés, pour s'en servir et les construire.

Voilà à peu près la thèse que nous soutenons nous-même quand nous disons que les êtres, pour acquérir la figure que contenait intrinsèquement la molécule vitale qui les anime, ont essayé de mille manières leur travail et ont mis un temps considérable avant de le réussir. Nous nous félicitons qu'un savant comme M. Perrier, un esprit aussi fin, semble pencher vers des vérités ou du moins, ce que nous croyons des vérités, qui nous sont chères, et nous nous réjouissons de l'espèce d'analogie qui paraît, d'un certain côté, exister entre les enseignements du professeur et nos propres convictions.

Chapitre V

Le Mésopithécus Pentelici

Des répartitions, déperditions et réceptions d'atomes dépendent l'esthétique, la santé ou la maladie de l'individu. Si dans cette prodigieuse et prodigue Nature, quelque chose existe que l'on puisse qualifier de hasard, c'est la composition des agrégats moléculaires qui bâtissent la figure des moi. Il suffit d'une première molécule au commencement mal placée, pour que les molécules qui suivent construisent un corps où tout a dévié. Nous ne disons ici que ce qu'affirment chaque jour le goût inné de l'homme pour la pureté des lignes et la science des médecins. La Nature, cependant, ne semble accorder au hasard qu'une part minime, mais cette part est grosse de conséquences.

Toujours il est possible à l'homme de guérir ou d'atténuer le mal causé par ces agrégats moléculaires désordonnés. Pour cela, il faudrait à l'homme une sorte de pouvoir qui lui manque ou plutôt qu'il ne veut pas acquérir : se vaincre soi-même.

La volonté pour nous est synonyme de liberté. Nous traiterons ce sujet quand nous parlerons de la *responsabilité* humaine. Disons auparavant l'histoire première de l'homme au moment qu'il parvenait à réaliser sa figure, figure si imparfaite encore que quelques savants confondent son fossile avec celui d'un simien. On l'a appelé le *mésopithécus pentelici*.

Nous avons déjà parlé de ce fossile dans le *Moi éternel*. La société d'anthropologie de Paris s'est entretenue d'un fossile qui nous semble avoir une grande analogie avec notre mésopithécus pentelici. Leur immense ancienneté est cause que ces fossiles sont très rares ; aussi est-ce une vraie joie pour la science quand on en découvre dans quelque terrain oublié du globe.

Certains animaux, les mastodontes, ont rempli et semblent avoir terminé leur carrière dans les étages les plus anciens de la planète ; c'est que ces anciens terrains, alors un milieu favorable à l'éclosion des animaux primitifs, ayant été recouverts par de nouvelles couches contraires à la vie des mastodontes, ceux-ci ont disparu.

Il y a des savants — Cuvier, par exemple, — qui, sur un seul os, savent reconstruire l'animal entier. Ce n'est du reste que de cette façon, — un os mis à la disposition de quelque habile naturaliste, — que nous avons eu des images de mastodontes, énormes bêtes, mal faites; aux membres disproportionnés, qui sont, on pourrait le penser, les ancêtres de nos carnassiers et de nos animaux les plus lourds.

Toutefois, on recueille dans les anciennes couches

terrestres et aussi au fond des mers, des animaux tout petits qui ont dû être les contemporains des mastodontes et qui vivent encore aujourd'hui dans les profondeurs des océans.

Les formes animales des premiers âges se retrouvent en partie dans ces profondeurs. Ce n'est que dans leurs pérégrinations et arrivés au bord des eaux, que les animaux ont commencé le long travail qui devait les distinguer en espèces et en séries d'espèces. Sans penser, comme Darwin, que les combats des êtres entre eux ont créé leurs espèces, nous n'avons qu'à regarder ce qui se passe aujourd'hui, pour être convaincus qu'ils ont dû se battre cruellement, les forts attaquant les faibles pour des questions de nourriture et de gîte.

Il n'y avait pas que les animaux qui se sustentaient de la chair des autres ; les arbres, s'ils ne mangeaient pas les mousses, les champignons, les prêles, s'emparaient des sucs de la terre et de l'air qui devaient favoriser leur large éclosion, ne laissant rien aux petites plantes qui avaient le malheur de naître dans leur voisinage.

Mais à quel moment les molécules vitales sont-elles enfin parvenues à obtenir, par le travail, la figure de leur espèce ? La réponse nous semble résulter de ce qui se passe sous nos yeux.

Pour les plantes, ce moment a été celui où elles ont acquis le pollen et l'ovaire. Arrivées à une sexualité bien définie, elles pouvaient se passer de ces longues suites d'essais qui les rapprochaient plus ou moins du type qu'elles cherchaient à réaliser. Le pollen fécondant l'ovaire, un ancêtre naissait chef d'une famille à laquelle tous ses descendants devaient appartenir.

De même pour les animaux.

Du jour où l'être se fut dédoublé, l'un acquérant le sperme, l'autre l'œuf, l'animal a dû renoncer aux innombrables et informes essais de ses existences en gélatine. L'être provenant de l'œuf fécondé, avait acquis la figure possédée intrinsèquement par la molécule vitale qui l'animait. Dès lors, il ne restait plus qu'à perfectionner, comme un ouvrier habile, le type réalisé.

Le mésopithécus, représentant premier de la figure humaine, avait, on le conçoit, à polir et repolir son ouvrage.

Beaucoup de questions ont été agitées à propos de l'apparition de l'homme sur la Terre. Les vieilles légendes le font naître le dernier Il semble être en effet le couronnement heureux de tant d'ébauches.

On le croyait de l'époque quaternaire où il a laissé d'assez nombreuses traces de son existence. Mais son apparition aurait une date antérieure à celle qu'on lui a longtemps assignée. Le mésopithécus appartient au miocène, couche terrestre bien plus ancienne que l'étage quaternaire. Examinons les raisons que nous avons de croire à cette grande antiquité de l'homme.

Les fouilles géologiques ont amené beaucoup de fossiles d'animaux, dont quelques-uns, nous l'avons vu pour les mastodontes, ne reparaîtront plus. Les molécules vitales auxquelles ils devaient leur figure sans nul doute, demeureront enfouies dans les étages anciens, jusqu'à ce que le globe ait fourni lui-même sa carrière (1).

Comme nous le savons, un grand nombre d'êtres primitifs ont survécu, se sont modifiés dans les milieux nouveaux qui se formaient lentement, succédant aux terrains précédents.

L'éocène nous a fourni, on le croit, un os de *pyrothénium*. Or, le pyrothénium, animal *ongulé*, était bien près d'avoir saisi sa figure. Il a travaillé dans la couche suivante le *miocène*, où les savants ont changé son nom de *pyrothénium* en celui de *dinothérium*. Or le dinothérium est la souche ancestrale de l'éléphant, qui s'est définitivement constitué dans le quaternaire.

Cette genèse de l'éléphant va nous faire comprendre comment nous découvrons dans le miocène la souche ancestrale de l'homme.

(1) Il se pourrait que les mastodontes ne fussent que les ébauches des bêtes plus régulièrement construites que nous avons aujourd'hui. Cette question a peu d'importance pour la démonstration de notre thèse.

Avant le mésopithécus pentelici, nous trouvons dans l'éocène, plus ancien que le miocène, un fossile du singe primitif, le *nécrolémur*. Mais le nécrolémur a poursuivi son travail dans le miocène, et comme l'éléphant, il a changé de nom dans ce dernier étage et s'est appelé le pliopithecus satyrus ; enfin dans le *quaternaire*, il est devenu un anthropoïde convenablement fait, un singe présentable.

Le *mésopithécus pentelici* que nous croyons un fossile de l'homme sortant des limbes, ne se découvre que dans le miocène. Il était alors contemporain des animaux venus avant lui dans les couches des précédents terrains, et l'on a pu confondre son fossile avec le fossile du singe qui avait avec lui une certaine ressemblance, comme peuvent en avoir de vieux os depuis des siècles privés de chair. Le fossile du *mésopithécus pentelici* etait mieux fait que le fossile du *pliopithecus satyrus* ; ses proportions se rapprochaient beaucoup mieux du squelette humain que de celles du simien au large bassin, aux longs bras ; et d'ailleurs, le mésopithécus pentelici ne faisait que de paraître ; il avait à progresser, tandis que le satyrus se dessinait simien et travaillait sa figure depuis l'éocène ; en outre ce mésopitécus se rapproche fort peu des anthropoïdes actuels ce qui est une preuve presque incontestable qu'il était bien la *souche ancestrale de l'homme*.

Voyons combien ce mésopithécus a progressé, s'est amélioré, comme du reste, tous les êtres vivants apparus sur le globe terrestre, changeant son vêtement usé si l'on peut s'exprimer ainsi, en un vêtement neuf, mais toujours animé dans les siècles des siècles par la même molécule vitale, progressant dans le miocène, le pliocène et sortant enfin radieux du quaternaire. Il ne nous a laissé de son histoire durant ces époques lointaines, que des cailloux taillés qui lui servaient à combattre les bêtes dont il était alors le contemporain, bêtes redoutables, carnassiers terribles, serpents monstrueux. Les fossiles encore nous renseignent sur leur grosseur énorme, sur ce que devait être leur force prodigieuse. Nous savons cependant que, heureusement pour l'homme de leur époque, ces animaux, comme tout moi au début de sa figure, étaient mal conformés. Or ces terribles mastodontes ne se retournaient qu'avec une extrême difficulté et perdaient ainsi, durant un moment, la vue de l'homme qu'ils poursuivaient. Mais, celui-ci agile, esprité déjà, fuyait et se dérobait au pesant ennemi qui cherchait à l'atteindre.

Et les siècles se sont écoulés ; et avec eux le cerveau de l'homme a grandi, s'est constitué parfois, d'une façon merveilleuse, tandis que l'animal n'a pas dépassé l'intelligence. Cette grandeur de son cerveau, cette facilité de compréhension, cette imagination créatrice de l'homme lui assure et lui assurera dans l'avenir une supériorité sur l'animal dont celui-ci devra subir le joug dans les siècles des siècles. (1)

---

(1) Les savants sont souvent embarrassés pour ranger dans une famille quelconque certains animaux hors-cadre dont on découvre les fossiles ou que l'on trouve de nos jours au milieu des eaux. « Il existe, disent-ils, un fossé profond dans l'intervalle qui sépare les poissons des invertébrés » et d'un autre côté on ne s'explique pas l'existence de ces « animalcules incomplets », qui vivent de nos jours, laissant « un squelette rudimentaire »

Rappelons-nous d'abord que tous les êtres ont commencé leur apparition dans les eaux ou la vase qui couvrait le globe il y a quelques millions d'années. Deux choses sont à penser qui pourraient fournir l'explication de ce « fossé profond » dont parlent les savants

D'abord, les dents que l'on dit avoir été celles des poissons, (Ceratodus) pouvaient appartenir à des êtres en formation, à des carnivores, par exemple, qui, sortis des eaux où ils avaient vécu longtemps, ont pris peu à peu la forme qu'ils devaient trouver en devenant animaux terrestres. La facilité à nager de tous les animaux, serait une preuve de leurs existences aquatiques antérieures. Quant aux « animalcules incomplets », au squelette rudimentaire, aux dipneustes que l'on découvre encore de nos jours, ou ils cesseront de se développer, leur forme définitive existant et se reproduisant par la sexualité, ou ils ne sont que des commencements d'êtres qui se formeront dans des siècles et s'épanouiront enfin sur la Terre, en une figure qui nous est aujourd'hui inconnue.

Chapitre VI

Dieu — l'Inconnaissable
Hypothèse scientifique

Avant de poursuivre notre étude sur l'homme, nous avons une ambition singulièrement téméraire ; nous sommes en ce moment comme le fils d'Apollon, qui, voulant diriger le char du soleil, obtint de son père qu'il lui confiât les rênes des coursiers célestes. Au risque de tomber, de même que le présomptueux Icare, des hauteurs de l'Empyrée sur le sol de la Terre, nous nous hasardons, nous aussi, à réclamer les rênes du Divin Char.

C'est que nous sentons bien que toute explication sera plus lumineuse, s'appuiera sur une plus rigoureuse logique si nous parvenons jusqu'à l'*Inconnaissable* ; et que si nous invoquons une *volonté* de la nature la finalité attribuée par nous à la mélocule vitale deviendra une vérité dont nul n'osera plus douter.

Quelques savants, dans ces derniers temps, ont essayé, malgré leurs habitudes contraires, de démêler quelque chose à cette question ardue entre toutes, *La Finalité*; mais ce n'a guère été qu'un aimable bavardage qu'ils nous ont donné. Les causes finales, en effet, ne s'expliqueraient que si l'on établissait tout d'abord un plan préconçu à ces causes. Or, pour qu'il y ait plan préconçu, il faut reconnaître l'ordre dans la Nature ; mais l'ordre impliquerait un ordonnateur. La science, qui se pique de n'admettre comme vrai que ce qu'elle trouve au fond de ses creusets, n'y a point découvert l'ordonnateur. — Passons.

Les religions se contentent de faire de la poésie avec nos cœurs. Si belles que soient les images qu'elles créent, quelques grandioses que nous paraissent les paysages qu'elles leur dessinent, nous allons voir tout à l'heure leur impuissance à nous peindre l'Inconnaissable, leur poésie, toute pleine de séduction, est incomplète pour notre esprit, et elle ne nous montre ni la face, ni la forme de cet Inconnaissable, qui nous fuit à mesure que nous le poursuivons.

Cependant l'Eglise semble avoir trouvé une formule assez satisfaisante. La voici d'après le catéchisme du diocèse de Paris :

« Dieu est un pur Esprit, sans figure, sans couleur, qui voit tout, s'occupe de tout et gouverne toutes choses par sa Providence. »

Cherchons d'abord ce que peut nous donner la poésie des religions ; nous étudierons ensuite les preuves scientifiques ; et enfin nous verrons si celles-ci peuvent nous rapprocher de l'enseignement du Catéchisme.

Le Diable, nous dit le nouveau Testament, transporta Jésus sur une montagne, et lui montrant tous les Royaumes du Monde avec leur gloire : « Je te donnerai tout cela si tu te prosternes et m'adores. »

« ..... Retire-toi, Satan ! »

Quelle simplicité mais quelle largeur ! C'est le secret de ce LIVRE — où cependant nous trouvons maintes choses à retrancher, qu'admettaient l'ignorance des temps et celle des traducteurs. Avec quelques mots ce livre est un maître ; maître en style et maître en morale. Tout se trouve dans ce court recueil, vieux de deux mille années bientôt.

— Tu cherches Dieu, orgueilleux ! Mais comme Jésus, tu aurais en dédain les royaumes de la Terre ! Viens avec moi. Je suis le rival du Galiléen. Ma puissance égale la sienne, et j'ai l'âge de l'humanité. Viens, je te montrerai ce Dieu que tu appelles en vain, celui qui ne daigne pas désaltérer ton insatiable soif, du divin ; viens, quand tu l'auras vu, tu choisiras entre le roc de son indifférence et le miel de mes promesses. Mes mains sont pleines des gloires et des richesses que je veux t'offrir. Montons sur le Pamir où la légende a placé le Paradis Terrestre. Du haut des monts, regarde.....

— Les phénomènes qui se passent dans le temps dérangent et changent tout. La chaîne du Pamir est lugubre aujourd'hui, des roches noires, des précipices, un froid horrible ! Ma chair se sent transpercée, le sang de mes veines se fige .... J'ai peur. Dieu n'est pas là.

« Retire-toi, Satan ! »

— Sur ce fier vaisseau, où logent par milliers des hommes, sur ce fier vaisseau, qui, champion téméraire, ose se mesurer avec le déchaînement des vents et des folles tempêtes, sur ce vaisseau tout prêt à affronter les hauts blocs de glace accourant des pôles comme des fantômes épouvantables, que vois-tu ?... Que vois-tu, tandis que majestueux de la majesté que lui ont imprimée ses habiles et hardis créateurs le vaisseau passe, sa carène plongeant dans l'eau profonde, que vois-tu ?..

— Je vois sous mes pieds l'immense océan, sur ma tête le ciel étoilé, mais je ne vois pas Dieu :
« Retire-toi, Satan ! »

— Montons donc de nouveau. Gravissons les hauteurs où l'astronomie a élu domicile. Regarde au fond de ces tubes magiques, qui créent à ton œil, ô merveille ! le pouvoir de traverser les incommensurables lointains du firmament. Dans ces mystérieux éthers où s'éparpillent les ors des étoiles, ne devines-tu pas le Dieu que tu cherches ? Le spectacle est assez large pour le contenir.

— Non ! tout cela est trop petit encore :
« Retire toi, Satan ! »

— Eh ! bien, allons plus loin. Je te confère un corps glorieux comme celui dont parle Saint Paul. Parcourons la colossale planète de notre système, Jupiter. Du plus haut de ce superbe enfant du Soleil, que vois-tu ?

— Trop petit, toujours

« Retire-toi, Satan !... »

— Orgueilleux fils des hommes ! Lucifer plus hardi que Lucifer lui-même ! Je vais te transporter sur Sirius, la plus brillante étoile du Ciel.

— Peu m'importe ! je n'y trouve point Dieu. Ne vois-tu pas que, au-delà, toujours au-delà, sont d'autres étoiles, avec la Voie Lactée pleine d'étoiles, de soleils, de planètes, et que derrière la Voie Lactée est encore l'étendue où sont d'autres étoiles, d'autres soleils ?... En vain tu me conduirais tour à tour vers ces astres lointains, tu ne me ferais point toucher la face de l'infini...

« Retire-toi, Satan ! »

Cette fois, Satan, découragé, comprit qu'il ne me leurrait plus de ses mensonges, et que si Dieu existe, le Mauvais n'est ni son rival ni son égal.

D'un grand coup de ses ailes noires, il monta dans l'espace et disparut.

Le formidable bruit qu'avait produit dans l'air ce coup exaspéré de ses ailes, me réveilla.

. . . .

Me revoici perplexe comme devant.

Si toutes ces beautés, ces grandeurs, ces puissances de la Nature, avec ses océans profonds, avec ses ciels pleins d'étoiles, ne m'affirment pas Dieu, où donc le trouver ?

Mais ces choses de la Nature, je les vois, je les sens. ELLES SONT. Je n'en peux douter puisque l'Humanité a dit, dit et dira comme moi : Elles sont.

Est-il nécessaire d'y ajouter un Etre omnipotent que nul homme n'a vu — car Moïse même n'a vu sa face qu'en pensée, puisqu'il ne nous l'a point décrite, — d'y ajouter, dis-je, un être omnipotent qui se dérobe aux regards des hommes, lesquels ne semblent l'avoir imaginé que pour lui attribuer leurs passions misérables de fourberie, de mensonge, de haine, de vengeance.

Pourtant, je cherche. Satan me traitait d'orgueilleux. Il avait tort. Ce n'est point de l'orgueil que de poursuivre avec toute l'humilité que nous donne le sentiment de notre impuissance, l'éclaircissement de ce formidable problème : Dieu. Quoi ! la science repousse cette grandiose idée, sous prétexte qu'elle ne peut et ne veut accueillir que ce qui est du domaine de son expérience. Ah ! pauvre humanité ! Si le sel de la Terre te manque, si les illuminés te refusent la lumière ; si ceux qui marchent en avant t'obligent à reculer, si rien ne peut te soutenir, arrête-toi, ne poursuis pas une tâche impossible.

Mais la tâche de la science est de relever les esprits, non de les enténébrer.

Voici ce que M. Sully-Prudhomme écrivait dans la *Revue scientifique*, en s'adressant à son éminent directeur, M. Charles Richet.

« ..... Vous avez affirmé d'abord que la *Nature a voulu la vie*; ensuite vous concédez qu'il se peut qu'elle ne l'ait pas *voulu*; vous vous bornez à prétendre qu'il est licite et avantageux de raisonner comme si elle l'avait *voulu*. Une pareille concession présente sans doute l'avantage d'écarter la préoccupation de savoir s'il y a réellement dans la nature une *volonté*, une intention d'adapter les formes aux fonctions vitales. Mais on se demande alors si cette intention étant mise hors de cause, l'adaptation ne perd pas tout caractère de finalité. »

«.... Ce qui m'intéresse à mon point de vue philosophique, c'est au contraire de savoir si, en réalité, *une pensée organisatrice* préside à l'évolution de la vie ou si cette évolution peut s'expliquer par des données initiales purement mécaniques (1) modifiées progressivement par des conditions mécaniques qu'elle rencontre dans leur milieu; c'est de savoir si l'œil se forme afin qu'il y ait vision ou si la vision existe parce que l'œil *a pu* se former ».

(1) Dans notre précédent ouvrage, nous avons énergiquement repoussé l'idée de mécanique vers laquelle penchent sensiblement les fervents du transformisme ou darwinisme.

Nous pensons que la philosophie aujourd'hui, n'a de valeur qu'appuyée sur la science ; mais que, de son côté, la science a besoin de la philosophie pour élucider certaines questions : c'est la conclusion qui nous semble résulter de la citation que nous venons de faire.

Pour traiter de cette question des *Causes finales*, d'une importance si capitale, ne faudrait-il point tout d'abord chercher, s'il y a en effet, « Une Volonté » dans la Nature, une « Intention » d'adapter les formes aux fonctions vitales, autant dire de rechercher la cause des causes, CAUSE suprême dont le plan serait d'adapter les formes aux fonctions vitales.

Cette Cause des causes ou Volonté, nous l'appelons l'*Inconnaissable* ou *Dieu*.

La science ou l'étude peuvent-elles nous donner le concept de l'Inconnaissable ?

Nous croyons que oui ; nous ajouterons que ce concept va appuyer l'affirmation de M. Charles Richet disant, malgré son apparent scepticisme : « La Nature a *voulu* la vie. »

L'idée d'une *Volonté* dans la nature provoque le dilemme suivant :

Ou il n'y a point de finalité : l'oreille qui paraît faite pour entendre, les yeux qui semblent façonnés pour voir, ne sont que des appareils mécaniques momentanés, de pur hasard.

Ou il y a dans la Nature une *Volonté*, une pensée

organisatrice, une Intention d'adapter les oreilles et les yeux aux fonctions vitales établies par un agencement tout particulier des atomes de la matière.

Remarquons la différence entre les deux termes du dilemme :

Afin de l'éclaircir, l'auteur jadis renommé du *Leviathan*, Hobbes, nous viendra en aide, nous l'espérons du moins, car Thomas Hobbes, pour avoir vécu à la fin du XVI⁰ et au commencement du XVII⁰ siècle, n'en avait pas moins des idées aussi originales que profondes.

La notion causale était le principe de sa philosophie physique. « Si, dit-il, d'un effet que l'on voit s'accomplir, on passe par le raisonnement à sa cause prochaine ; de là, à la cause de la cause et que l'on se plonge profondément à la poursuite des causes, on en viendra enfin à ceci : qu'il doit y avoir (ainsi que les philosophes païens eux-mêmes en convenaient) un premier moteur, à savoir une première et éternelle cause de toutes choses, qui est ce que les hommes désignent du nom de Dieu (1).

Hobbes se contentait de ce mot. Nous l'appelons l'Inconnaissable ; mais le mot ne signifie que par le sens qu'on y attache. Ces deux mots Dieu, l'Inconnaissable désignent un semblable mystère « qui est autour de nous » comme le dit judicieusement M. Charles Richet.

(1) Traduction de Georges-Lyon.

Le Moteur est la cause des causes. Hobbes s'arrête là. Rien de plus rationnel si en réalité Il est la cause des causes ; s'Il est la cause des vents et des tempêtes qui tourbillonnent sur notre planète, fille du soleil, s'Il est la cause de ses printemps délicieux, de ses étés fertiles, de ses riches automnes, de ses lourds hivers ; s'Il est la cause des milliers d'astres qu'il nous a été donné d'apercevoir dans les lointains du ciel ; s'Il est la cause de ces éthers de l'espace dont les atomes obéissent à sa direction suprême ; jettent partout des forces ou vies et amassent autour de ces forces les puissants agrégats qui font les étoiles, les molécules qui font les êtres ; ou, s'Il est la cause...

Les harmonies des cieux nous inciteraient à le croire.

Mais où Hobbes place-t-il son moteur dans ces cieux infinis, sans bornes....

Au lieu de répondre directement à la question, Hobbes, avec l'ingéniosité du plus large esprit, a cette superbe intuition.

« L'espace, dit-il, ne dépend en rien de ce qui le remplit, sa nature ne consistant pas à être occupé mais bien à pouvoir l'être. »

Ainsi l'espace serait indépendant des astres qui se meuvent dans son infini ! ainsi l'espace pourrait avoir des milieux tout autres que ceux dont nous jugeons par notre expérience !

Si nous ne voyons pas ces milieux inconnus que

néanmoins notre esprit peut accepter, nous voyons en revanche, et avec certitude, les milieux peuplés d'astres. Or, parmi les astres est le globe terrestre.

Si infime que soit la Terre, elle va nous servir à rechercher l'*Inconnaissable*. On le comprendra bientôt.

Nous avons dit et répété que la Nature procède toujours d'une façon identique dans l'accomplissement de ses œuvres.

Le globe terrestre, de même que toutes les étoiles, de même que tous les êtres vivants, a commencé par un noyau, puis est venue la croissance, laquelle dure et durera encore longtemps ; mais qui sera suivie de la décroissance, de la disparition finale de sa forme, toutes les molécules dont il est bâti s'en retournant dans les éthers où de nouveau elles serviront aux divers actes biologiques, qui font les figures des êtres.

Cette histoire de notre globe est celle de l'astre le plus majestueux, de la plante la plus petite, de l'arbre le plus élevé de nos forêts, de la fourmi, de l'éléphant, de l'homme.

Voici d'abord, ce que la science dit des corps simples :

Les corps simples seraient des atomes soumis à de certaines vibrations, dont nul ne peut deviner le nombre, et tel nombre de vibrations produirait, par exemple, les gaz, oxygène, hydrogène, etc., les métaux, or, fer, etc. ; nous ajouterons les corps impondérables comme l'électricité.

Mais, et c'est là, qu'à l'exemple de Hobbes, nous en voulons venir. D'où proviennent ces vibrations diverses qui font les corps simples ?

Et d'abord, pour supposer ces vibrations, il faut concevoir une matière première simple. C'est ce que quelques savants, qui nous semblent avoir eu une idée géniale, ont supposé. Alors, ils ont cherché la preuve de cette matière première, simple ou *unité de la substance*. C'est-à-dire que dans la matière substance unique se trouverait une force mystérieuse qui, en effet, secouerait de vibrations certains atomes et les élèverait ainsi chacun à la puissance de corps simple indépendant.

On n'a pu encore prouver absolument l'unité de la substance, qui nous ouvrirait, on va le voir, un large aperçu sur l'*Inconnaissable* ; mais les hypothèses que les travaux d'hommes considérables ont permis d'établir sur ce sujet, ont en quelque sorte forcé la raison, qui va jusqu'au fond logique des choses, à l'admettre.

La chimie — qui pourrait le croire ! — possède les moyens de peser l'atome ! L'atome si infiniment petit cependant que, nous l'avons dit maintes fois, aucun verre grossissant ne nous le saurait découvrir. Nous ne pourrions voir qu'en agrégats un corps atomique simple et les atomes d'un agrégat quelconque se comptent par milliers. La chimie cependant est la vérité même — entre parenthèse, nous avons vu de nos yeux dans le grand laboratoire de Paris le noyau d'une cellule ! — Nous nous abstiendrons de toute explication, touchant le poids des éléments chimiques, — explication qui ne pourrait qu'être incomplète et deviendrait peut-être incompréhensible sous notre plume ; seulement, nous dirons que l'unité de matière ou de substance serait prouvée si tous les poids atomiques des corps simples se trouvaient être des multiples exacts d'un corps simple plus léger que tous les corps simples connus, ce qui revient à dire que tous les corps simples connus ne seraient que des condensations du premier corps cherché.

Les équivalents des corps simples ou radicaux de la chimie minérale semblent être tous des multiples d'une certaine unité de substance primordiale inconnue dont le poids atomique serait quatre fois moindre que celui de l'hydrogène.

C'est cette substance primordiale inconnue que les nouvelles recherches d'autres savants permettent à la raison de concevoir et lui feront admettre, même avant qu'on en ait acquis la preuve sur notre globe.

Plus un astre est chaud, plus les raies de l'hydrogène se marquent dans son spectre, plus y apparaissent les couleurs bleue et violette, signes d'une très haute température ; plus les poids atomiques de ses éléments sont faibles.

Plus un astre se refroidit, plus variées sont ses raies spectrales ; moins on y découvre celle de l'hydrogène ; moins on y trouve le bleu et le violet des températures extrêmes.

Les raies spectrales de couleur noire indiquent les vapeurs de métaux analogues à ceux que nous connaissons sur notre terre.

Voici où nous en voulons venir ; nous nous acheminons vers la preuve divine.

Si puissants que soient nos instruments, qui nous découvrent aujourd'hui des milliers d'étoiles inconnues de nos pères ; si puissants que soient nos instruments, ils ne nous montrent cependant qu'une partie des étoiles qui brillent et vivent dans le vaste univers ! Dès lors, le champ nous reste libre de poursuivre, avec les yeux de l'esprit, nos investigations célestes. Il y a par exemple au fond de la Voie Lactée des étoiles plus chaudes que Sirius et au moins une parmi elles qui nous présenterait un spectre homogène, si nous pouvions y atteindre. Cela nous suffit pour établir l'unité de substance, c'est-à-dire pour démontrer, d'après les appréciations du chimiste Dumas, qu'il existe dans la nature un corps simple quatre fois plus léger que l'hydrogène et d'où dérivent tous les éléments ou corps simples répandus dans la nature.

Et pourquoi ne considérerions-nous point cette matière unique comme existant ? Est-ce que l'observation sur notre globe peut suffire à nous prouver le contraire ? La Terre est trop petite, nos instruments trop faibles pour favoriser notre essor vers les infinis célestes ; et nous savons que la Nature est toujours active ; qu'aucun arrêt, qu'aucune suspension n'existe ni dans la montée ni dans la descente de ses manifestations.

« Les divers corps simples que nous connaissons, dit le savant, qui semble à notre époque le maître incontesté de la chimie, M. Berthelot, pourraient être distingués par la nature des mouvements que leur imprimerait une matière unique. »

Ainsi, la substance unitaire ne serait que l'étoffe — si nous pouvons en un si grand problème hasarder un tel mot — qui servirait à fabriquer les corps et les fabriquer chacun avec sa spécialité de chaleur, de couleur, de densité, de poids.

Mais en vertu de cet axiome si simple que tout effet doit avoir une cause, nous nous permettrons de demander au savant dont nous venons de citer quelques lignes, si ces vibrations, ces mouvements de la matière dont il parle, pourraient surgir d'un éther inerte ?

Non, l'inertie ne produirait rien du tout, puisque l'inertie c'est la mort. Ce qui produit, c'est la vie. Or, l'effort constant de la Nature vers la vie, dont parle judicieusement Charles Richet, nous interdit de la soupçonner d'inertie.

Tout mouvement provient d'une volonté, toute volonté d'une vie. Toutes ces forces vibratoires qui produisent les corps simples, même en ne constatant que ceux que reconnaît la chimie, toutes ces forces, il y a une volonté qui les soulève. Volonté et mouvement sont les signes certains de la vie, les seuls qui puissent donner la certitude de la vie.

Constatons deux espèces distinctes de mouvement : Le mouvement que nous faisons et que nous voyons faire, et le mouvement plus large des astres.

Quel insondable receptacle de vie est donc contenu dans cet univers qui jette aux lointains des espaces tant de forces mystérieuses, forces-vies, émanations-moi de cette vie première qui, tantôt grandioses, bâtissent avec les atomes des éthers, les astres resplendissants ; tantôt en apparence infimes, produisent les individus que nourrissent les mondes des globes et des planètes, brin d'herbe, chêne, oiseau, poisson, carnassier, homme !

Cette vie première éternelle, c'est celle-là dont le souffle puissant communique aux atomes les vibrations dont le nombre, inconnu des hommes, crée les corps simples ; cette vie première c'est la cause que le philosophe Hobbes appelle le Moteur et que nous nommons l'*Inconnaissable*.

S'il nous semble impossible que la vie puisse surgir d'une matière inerte, nous ne pouvons pas davantage comprendre le mouvement sans une cause motrice. La loi d'attraction, qui est une des formes du mouvement, dépend également de cette première Cause.

D'après Newton, l'attraction mutuelle des masses en raison inverse du carré de la distance gouverne notre système et ses planètes, mais qui aurait réglé le poids des masses soumises à l'attraction ?

« Toutefois, dit A. Muller, entre deux corps célestes séparés par le vide interplanétaire, on est frappé de l'impossibilité d'une action réciproque sans *intermédiaire.* » Newton lui-même, qualifiait d'absurde l'idée qu'un corps puisse agir sur un autre corps à distance sans l'intermédiaire de quelque chose.

Cet intermédiaire, ce quelque chose, il nous semble facile de le nommer.

LE MOTEUR.

Mais qui a fait le Moteur lui-même ? Nous ne pouvons que répondre comme l'auteur du *Leviathan.* IL EST. Aller plus loin nous devient impossible. Et nous l'appelons l'*Inconnaissable*.

Où réside l'Inconnaissable ?

Ici, voyons l'analogie avec le catéchisme de Paris.

— Il réside partout, quoi qu'il soit séparé de ses œuvres. — L'oxygène est partout dans l'air ; mais un atome d'oxygène n'est pas un atome d'azote. Donc il y a séparation entre les deux atomes. Dieu, qui serait partout, n'est cependant aucun des corps qui constituent la matière. Donc il y a séparation entre Dieu et les corps de la substance.

Et maintenant, rappelons la belle affirmation de Hobbes.

« L'espace ne dépend en rien de ce qui le remplit, sa nature ne consistant pas à être occupé, mais à pouvoir l'être. »

Ainsi, la Voie Lactée, les nébuleuses, les astres, les soleils, les planètes, les satellites, les comètes les éthers récipients des atomes qui construisent toutes les précédentes figures, occupent les espaces comme le mobilier d'une chambre occupe la chambre. Ces figures sont des composés d'agrégats moléculaires sans cesse en mouvement, comme tout ce qui est vie ; mouvement et vie que leur imprime le MOTEUR, mouvement et vie qu'ils reçoivent du MOTEUR. Il le faut admettre sous peine d'illogisme, car, nous le savons, la vie ne saurait surgir d'une matière inerte.

Mais enfin où réside le Moteur ?

— Partout, nous le répétons, dans l'espace, hors des œuvres qui meublent l'espace, œuvres qu'il a formées de la substance unique. Le MOTEUR est la CAUSE des causes, ainsi que nous l'affirme Hobbes, celui auquel les hommes ont donné le nom de DIEU.

En vain vous regimbez et demandez qui a fait Dieu lui-même.

A cette question nous répondons :

IL EST.

Mais la matière aussi EST.

Et sans qu'il soit possible de l'affirmer autrement qu'en renouvelant nos affirmations précédentes:

ELLE EST.

Il y a toutefois cette différence entre ces deux mots: *il est, elle est*; que *Dieu Inconnaissable Eternel* occupe tout l'espace et que la matière n'occupe qu'une partie, si large soit-elle, de l'espace où sont les soleils et les êtres.

Il y a cette différence que le Dieu homogène ne varie point en soi (l'Immuable du catéchisme), tandis que la matière faite hétérogène par le Moteur, varie en Moi distincts se décelant par ces trois phases: noyau, croissance, décroissance.

Ainsi l'astre le plus brillant, de l'endurance la plus longue, que tant de milliards d'atomes ont lentement construit, perdra sûrement dans les temps ces mêmes atomes qui constituaient sa forme; il les perdra et de la même manière que perdront leurs atomes, la fourmi, le rosier, l'homme. Pour l'astre brillant une suite de phénomènes plusieurs milliers de fois répétés, se passeront tandis qu'il rayonnera dans les cieux; pour les plus petits, notre Terre tournera plus ou moins de fois autour du Soleil durant que se poursuivront les trois phases où se manifestera la force vitale individuelle de chacun d'eux. La disparition de cette force est ce que nous appelons la mort.

Le dilemme est grandiose, il faut choisir.

Ou nos sens nous trompent, il n'y a point d'ordre dans la Nature ; il n'y a point de vie, point de mouvement. Tout est ténèbres, immobilité absolue, nous ne sommes que des fantômes au milieu de ces noirs silences, au milieu d'une Nature qui n'est même pas, des fantômes surgissant on ne sait comment d'espaces aussi inexplicables que les fantômes.

Ou un MOTEUR est, Cause des causes, cause de toutes les forces qui font les noyaux des astres et des êtres ; forces qui sont les molécules vivantes des globes enchaînés par leurs attractions aux soleils, molécules vivantes des êtres que nous devinons sur les globes qui peuplent les univers célestes ; molécules vivantes des êtres de la Terre, plantes, animaux, hommes et molécules vivantes des infimes existences de cristaux, molécules vivantes des plus petites fleurettes qui croissent dans les savanes aussi bien que sur les montagnes.

Et alors, il nous paraît logique d'admettre sa Providence.

Oui, voilà Dieu, à la fois si loin et si près de nous ! Voilà Dieu mêlé à ses œuvres et en dehors de ses œuvres, voilà Dieu ! De sa volonté il a créé des vies et des Moi. De l'homme il semble avoir fait un moi exceptionnel, au-dessus des autres moi qui peuplent la Terre. A l'homme est réservé le progrès, à l'homme est réservé le don superbe qui le rapproche et le rapprochera indéfiniment du Moteur, la raison ! La raison qui, en lui conférant le sentiment du juste et de l'injuste, lui confère, en même temps que sa liberté, la responsabilité de ses actes.

Chapitre VII

L'homme

La physiologie, à laquelle se sont consacrés tant de savants, tant d'éminents esprits, depuis quelques années surtout, va nous aider à poursuivre notre tâche ardue.

La figure de l'homme est un composé très complexe d'atomes ou molécules, combinées chimiquement et diversement dans chacune des parties de l'organisme. C'est ce qu'a parfaitement compris le physiologiste. A-t-il de même deviné qu'une force spéciale, une force potentielle, règne sur toutes les parties biologiques de l'individu, semblable à un puissant général sur son armée ? Quelle est cette force ? En la découvrant, nous trouverons du même coup la *liberté*.

Or, l'homme n'est que par la liberté qui le rend responsable de ses actions et le sépare ainsi — d'une séparation absolue, — de l'animal quel qu'il soit.

Beaucoup de braves bêtes ont été sacrifiées aux études physiologiques : — mais quoi ! la santé, la sécurité de l'homme avant tout ! — grenouilles, cobayes, chiens, singes, ont passé par les mains redoutables des Claude Bernard, des Brown-Séquard et de leurs adeptes. On a voulu se rendre compte de la marche des muscles, de la sensibilité des nerfs, connaître la circulation du sang, les battements du cœur. Helmholtz s'est attaché à l'étude de la vision et de l'ouïe ; Charles Richet est allé jusqu'à étudier sur l'individu même les phénomènes pulmonaires de l'inspiration et de l'expiration.

Un savant italien, Golgi, a imaginé d'employer l'argent pour suivre la trace que laisse dans l'organisme la molécule nerveuse centrale. Nous pouvons voir cette trace noire de l'argent dans les branches dendritiques de la cellule, en suivre l'épanouissement arborescent dans ses diverses directions structurales et fonctionnelles. Le microscope nous montre les cellules (toutes dépendant de la molécule nerveuse centrale) avec leur noyau ; il nous découvre le neurone prêt à transmettre l'impulsion reçue aux parties proches et même éloignées ; enfin, à l'aide de cette trace noire de l'argent, nous suivons la marche nerveuse des impulsions cellulaires. Non seulement elle nous conduit sur les chemins anatomiques, elle nous permet encore d'analyser les manifestations d'ordre et de désordre, de plaisir et de douleur.

Il y a un instrument, le chronoscope, inventé, nous le croyons, ou du moins perfectionné par Hipp, qui, lorsque nous savons nous en servir, nous permet de mesurer ou plutôt de mensurer les sensations psychiques. Au surplus, la physiologie et la psychologie sont sœurs. Cet instrument est merveilleux puisqu'il peut marquer jusqu'aux millièmes de seconde et il nous sert à nous personnellement à démontrer ce que nous avons dit tant de fois, que tout dans la nature est matériel. Une excitation suivie d'une sensation appréciée en chiffres par le chronoscope, n'est qu'affaire de neurone, une façon des nerfs de vibrer dans les temps.

A ce propos, remarquons jusqu'à quel point le mot *idéal* est une expression vide de sens. L'idéal, en effet, ne nous représente rien ; c'est une sorte de rêve sans attache avec quoi que ce soit, puisque tout en nous, joie, douleur, plaisir, souffrance, ne se peut attribuer qu'aux tissus nerveux. Ce mot idéal doit disparaître du langage et si l'on tenait à lui donner une signification, on devrait dire qu'il est une promenade de la pensée évoquant les objets de la matière supérieure par son côté esthétique et sensuel.

Et toutes ces études morphologiques des savants pour aboutir à quoi ?

A cette autre expression qui n'est guère moins fausse que le mot idéal : le hasard.

Le hasard ! Voilà donc ce que l'on a tiré du génie des Lamarck et des Darwin !

Car le hasard est la base du *transformisme*.

Et le transformisme est à la fois foncièrement faux et décourageant. Qu'est-ce que l'on peut faire pour combattre le hasard ? Rien, puisque hasard est en quelque sorte synonyme de fatalité.

La morphologie n'est, selon nous, que la recherche des molécules qui ont servi à bâtir les figures. L'artiste qui les a pétries, c'est la vie, la molécule vitale. Le statuaire est arrivé, après de longs essais, au terme de la tâche, essais qui ne sont point de la *métamorphose*, comme le dit le transformisme, mais du *variétisme*, ainsi que l'on pourra s'en convaincre en étudiant consciencieusement le passé.

L'explication des êtres qui vivent sur notre planète n'est pas, nous l'avons vu, celle qu'en donne le transformisme. Les esprits droits reconnaîtront, toujours, l'illogisme, la profonde erreur d'une telle opinion. Jamais l'homme ne voudra croire que ses ancêtres, issus, nous le croyons, de molécules portant en soi la figure préconçue qu'ils devaient atteindre, furent des serpents, des singes, etc., selon que le *hasard* en aura décidé. *La fixité de l'espèce*, à laquelle croyaient nos pères, leur semblera toujours plus vraie, et elle le sera avec cette suprême modification apportée par les Lamarck et les Darwin, qui, en effet, ont pensé que la vie s'était montrée d'abord sous la figure des touts petits, au lieu de se présenter dès l'abord avec la forme compliquée d'un être arrivé.

Parmi ces tout petits devenus ceux que nous voyons aujourd'hui, se trouvait l'homme, le chef, le roi, le Dieu.

En effet, il est le roi, plus qu'un roi, un Dieu relativement à tous les animaux, puisqu'il les soumet à son joug, puisqu'il jouit d'un privilége, que jamais la bête ne possédera ni n'acquerra : *la raison*

Les preuves de sa royauté sont nombreuses, incontestables. Ajoutons quelques mots aux arguments déjà produits dans cet ouvrage.

Aux époques anciennes où l'homme vivait en compagnie des mastodontes, animaux qui le surpassaient de beaucoup par leur taille et leur force, pour les combattre, il se fit avec la pierre des couteaux, des marteaux. Est-ce que jamais aucune bête songea à se façonner des outils pour se défendre de l'homme ?

Et cette corde vocale dont l'homme sut profiter pour créer un langage qui lui permit d'être compris par ses semblables et de les comprendre lui-même.

L'animal a-t-il essayé de modifier le son que peut produire son gosier selon sa nature de bête ? Non, pas même le singe, que l'on a osé dire un ancêtre de l'homme ! Mais celui-ci a fait plus ; il a inventé la gamme ! il a composé des chants ; il a imaginé l'harmonie ; il a confectionné des instruments ; il en a tiré des sons qui font vibrer en nous toutes les cordes de la sensibilité.

Quel animal a dans aucune époque modulé une gamme ? Nous disons bien que l'oiseau chante. Son chant toutefois n'est que son langage ; merveilleux il est vrai, s'il vient du rouge-gorge, du rossignol, de la fauvette ; et tandis que le chant de l'homme varie et s'exprime de cent façons différentes ; le chant de l'oiseau est borné, spécial à cet être charmant, comme l'est pour le cheval le hennissement fier ou amoureux ; pour le taureau, la vache, le beuglement quand, un instant cessant de brouter l'herbe, ils ouvrent leurs grands yeux pleins de vague rêverie ; comme l'est le hurlement des loups dans les bois, l'éclatant rugissement du lion dans les forêts.

Pourtant on ne peut nier l'intelligence chez l'animal ; il choisit sa tanière ; il sait construire son nid ; quelques-uns s'approvisionnent pour l'avenir ; il en existe qui amassent pour des petits qu'ils ne connaîtront pas, dont la naissance doit leur coûter la vie.

Mais tous faisaient jadis ce qu'ils font aujourd'hui plus habiles souvent que l'homme qui martelle, invente, progresse.. Et si parfois les bêtes nous amusent avec leurs vives manières ou nous crient, comme le perroquet, la pie, certains mots de leur voix aiguë, n'est-ce point nous, les hommes qui, patients, leur avons tout appris ?

L'animal se tient horizontalement. Voyez l'homme planté sur ses deux petits pieds ; voyez ses mains aux doigts longs et agiles, le pouce qui retient les objets !

Les pauvres petits singes grelottant dans nos froids pays, devant la menace du fouet se maintiendront sur leurs mains de derrière... Quelle fatigue leur impose le maître ! Et comme vite, débarrassé de sa robe et de ses oripeaux, le singe retombera sur le sol dans sa forme de quadrumane, ne réclamant pour sa poitrine endolorie que le climat de ses chaudes forêts.

Et l'idée religieuse, la trouve-t-on chez l'animal ? à quelques cruautés qu'aient poussé les superstitions, le besoin d'une religion semble comme un besoin inné chez l'homme uniquement, mais il faut dire que chez beaucoup le culte est modéré et doux. Barbare ou humain, le culte n'en est pas moins un signe indéniable de supériorité. Nous trouvons même la supériorité de l'homme jusque dans sa cruauté réfléchie, dans ses raffinements à aiguiser la souffrance de sa victime : Le noir, au son du tambourin, danse autour du prisonnier qu'il s'apprête à dévorer ; le blanc construit les chevalets, les clous pour la torture. Il a de dures prisons où, puissant, il précipite ceux qu'il hait, que ceux-ci soient ou non coupables. Est-ce que des bêtes ont inventé les auto-da-fé, les combats de taureaux, les batailles de coqs ?

Heureusement l'homme est marqué d'un sceau divin et ses brutalités diparaîtront ? Des faits monstrueux qui l'enténèbrent encore aujourd'hui, la lumière jaillira. Déjà pour quelques-uns perce la lueur de justice. Le jour viendra, si éloigné qu'il soit encore, où les sociétés n'apprendront plus que par d'antiques récits, que leurs ancêtres fabriquaient des armes pour s'entredéchirer. Nous avons mis quelques cent mille années pour obtenir la forme humaine ; nous compterons bien peut-être quelques mille ans encore pour arriver à la justice, à la charité, à l'amour.

Mais ceci est du domaine de la raison. Le moment est venu de chercher à travers la biologie ; de découvrir les neurones qui nous feront toucher à ce point suprême *la raison*. Car c'est elle, la raison, qui est et sera le pivot autour duquel se presseront toutes les améliorations humaines ; tout ce qui obligera les esprits à réfléchir, tous les cœurs à aimer.

Chapitre VIII

Le Cerveau

Le cerveau ! Là réside la grâce et la beauté de l intelligence humaine ; là réside cette force spéciale qui fait de l'homme le maître de tous les êtres du globe terrestre.

« Le cerveau, dit M. Charles Richet, a des fonctions qui n'existent assurément pas dans les autres tissus de l'organisme. » Là, en effet, est le récipient des qualités psychiques de l'individu ; là se passent les phénomènes de l'esprit ou conscience, représentant pour nous la morale et le vice, le bon sens et la folie. La déséquilibration d'une des parties du corps, quelle qu'elle soit, est une souffrance ; mais lorsqu'elle atteint le cerveau, elle a une gravité particulière. Nos propres sensations nous renseignent sur tous ces points. Cependant, nous pouvons acquérir certaines preuves de la réalité de ces fonctions, où le cerveau est seul en cause. Ainsi, la folie est une déséquilibration des molécules spéciales qui constituent les moelles et circonvolutions du cerveau. En voici un exemple fourni par une jeune fille :

Elle était internée à Bicêtre et se plaignait de douleurs intolérables au côté gauche de la tête.

Un médecin aliéniste, Auguste Voisin, désireux de prouver que la folie n'est qu'une altération des cellules cérébrales, saisit l'occasion que lui offrait cette malade pour étayer son idée d'une preuve convaincante. Il opéra le crâne sur une longueur de dix centimètres et une largeur de sept. Un jet de liquide sortit sous le scalpel. On trouva une couenne de deux millimètres d'épaisseur, avec en dessous, un lac séreux qui s'était creusé une loge. Le médecin eut la joie de guérir sa malade dont le cerveau, débarrassé, revint à l'état normal.

Mais tous les aliénés ne sont pas guérissables. La folie atteint le cerveau par tant de côtés ! Maladies du cœur, du foie, du rein, du poumon, de l'estomac, de l'intestin, peuvent gagner certaines cellules que les neurones transmettent jusqu'au cerveau ; l'artérôme ou lésion primitive des capillaires artériels en produisant une sorte de dessèchement dans les cellules cérébrales, dont l'irrigation devient alors insuffisante, amène la folie.

De tout cela, nous tirons cependant la certitude que l'atrophie de certaines cellules cérébrales rend l'homme idiot ou insensé et que, par contre, c'est aussi dans l'encéphale que nous devons placer les qualités psychiques représentées plus ou moins heureusement par des cellules saines.

L'encéphale est une boîte remplie de cellules nerveuses, hétérogènes, formant des cases, les unes contenant la moëlle grise, les autres la moëlle blanche. Ces cases sont dessinées par des circonvolutions fibreuses. Toutes ces cellules reçoivent leur animation de la cellule nerveuse centrale.

Le regretté Georges Pouchet pensait avec Charles Robin que le véritable siége des facultés conscientes est dans ces petits éléments nerveux qui remplissent l'encéphale ; petits, en effet, ces éléments que les deux savants nommaient *myélocites*, puisqu'ils sont *millions* dans la boîte crânienne. 240 myélocites ne forment pas même un centième de millimètre cube, et nous les disons hétérogènes, car leurs éléments sont spéciaux pour chacune des cases où se gravent les qualités psychiques de l'individu.

On pourrait comparer le cerveau au spectacle que voyait Saint Jean dans un rêve gigantesque ; les myélocites contenus dans les cases de l'encéphale représenteraient les multitudes des enfants d'Israël dans chacune des tribus évoquées par le prophète. Les myélocites ou cellules nerveuses des cases inscrites dans le cerveau ont reçu, reçoivent et gardent les empreintes des chocs que la vie journalière leur apporte, leur grand nombre s'explique par les spécialités qu'ils sont chargés de représenter : intelligence, bonté, malice, patience, colère, mémoire, raison, etc., etc. Prenons, par exemple, la mémoire. Quand un fait que l'on croyait oublié reparaît tout à coup après un long temps, c'est, comme l'admet M. Ribot, une association dynamique reconstituée telle qu'elle avait été établie au début ; mais les neurones myélocitaires chargés primitivement de transmettre le choc reçu, dormaient durant l'accalmie et ont été ramenés à l'activité par l'excitation ischémique des éléments réveillés.

L'homme serait innocent du mal comme du bien, qui résulterait des empreintes myélocitaires, s'il était impuissant à les diriger, et nous tomberions dans la théorie du hasard, que nous reprochons au transformisme.

Cette théorie du hasard, en vérité, nous semble monstrueuse. L'Inconnaissable, dans son infinie puissance ou la Nature, qui sait ramener à leur niveau les flots ébranlés par la tempête, n'aurait pu laisser se dresser dans les univers, comme un dragon mythologique, cette Injustice abominable qu'est le Hasard. Il existe assurément chez l'homme un *point* qui lui octroie le pouvoir de ramener lui aussi, *au niveau*, ceux de ses myélocites que les chocs passionnels ont rendus furieux. C'est ce point que nous essaierons de trouver. Nous ne nous dissimulons pas que la tâche est ardue, car il ne s'agit de rien moins que d'affirmer ici la liberté de l'homme. Voilà pourquoi il nous importe de l'étudier à fond, du moins dans les parties biologiques de sa tête puissante ; et nous qui ne voyons en toutes choses que des agencements d'atomes, comment découvrir précisément dans le tout, celui de ces atomes qui dit : Je veux ?

Reprenons donc la parole à nos risques et périls : le cerveau que nous venons d'assimiler au rêve apocalyptique d'un des plus grands hommes des temps chrétiens ; le cerveau, siége des qualités psychiques représentées par un nombre si considérable de cellules, ce cerveau peut-il être compris dans un seul mot ?

Il nous semble que l'expression *pensée* répond logiquement à la question. En effet on ne saurait concevoir une bonté, une intelligence, une beauté, etc., en dehors de la pensée. La pensée chez l'homme — tout ce qui a trait au cerveau des animaux dont nous n'avons nul moyen de saisir le mécanisme nous étant interdit — la pensée chez l'homme précède toute volition, puisque nul acte n'existerait sans le vouloir, puisque tout acte sans le vouloir serait considéré comme nul. Le vouloir qui précède et accompagne tout acte accompli par l'homme est toujours le résultat de la pensée, que celle-ci provienne d'un cerveau sain ou d'un cerveau d'aliéné La pensée est aussi inséparable de l'acte prémédité s'accomplissant ou accompli, que la molécule vitale (la force vivante, si vous préférez) l'est d'un organisme quelconque ; et cela est si vrai que l'*acte inconscient* n'affecte en rien l'homme qui l'a commis. Cet acte pourrait avoir des conséquences funestes ; le moi inconscient n'en serait pas responsable.

Il ne faut pas confondre l'acte avec la pensée. L'acte peut être inconscient par suite d'une maladie ou d'une absorption puissante qui écarte toute idée hormis une ; la pensée n'est jamais inconsciente. Elle peut être erronée, juste ou injuste ; elle est toujours le fait d'une conscience. Le rêve même, où la raison a si peu de part, est accompagné de la pensée. Il n'existe point de molécules de la pensée et de molécules de la conscience ; ces sortes de molécules sont à la fois pensée et conscience puisqu'elles sont un criterium de la vie. Ainsi la pensée embrasse toute les facultés psychiques ; elle plane à la fois sur toutes les cases et, sur chacune des cases de l'encéphale où sont rangées en une multitude de molécules diverses toutes les aptitudes de l'esprit.

Nous avons assez répété qu'il n'y a point de vide dans la nature et nous n'y reviendrons pas (1). Puisque la nature est un réceptacle d'atomes hétérogènes, d'atomes élastiques, l'esprit, la pensée est également matière, matière d'une certaine espèce, plus ténue, si l'on veut, que la matière dont les agrégats ont construit les autres parties de l'être.

D'après Charles Richet, les cellules de la mémoire se modifient chaque fois qu'elles reçoivent un ébranlement ; d'après Montaigne, le monde est « une branloire pérenne ». Ils ont raison l'un et l'autre ;

---

(1) *Le Moi Eternel.*

le changement continuel semblant être la condition même des manifestations de la vie ; mais nous pensons que certains myélocytes peuvent se conserver intacts durant l'existence de l'individu. La raison, c'est qu'ils sont plus solides que la plupart des cellules qui forment l'ensemble du tissu biologique. Un savant, Feuerbach, affirme qu'il entre dans leur composition chimique une forte quantité de phosphore. Nous avons toutefois une preuve plus convaincante de leur solidité : non seulement les événements extérieurs qui nous frappent, mais la lecture de certains faits affectent ces myélocites exceptionnels. Ils sont en quelque sorte enfouis dans la case mnémonique par le neurascon. Dans cette case ils peuvent devenir la représentation d'une vaste mémoire si les vibrations nerveuses y ont laissé de fortes empreintes. L'attention est la condition la plus propre à fixer ces empreintes, car l'attention témoigne de la vivacité des chocs reçus. L'enfant qui se rappelle dans sa vieillesse l'histoire apprise sur les bancs de l'école est une preuve de la force résistante des myélocites et de la vivacité des empreintes reçues.

Le nombre incalculable des myélocites contenus dans le cerveau n'a rien qui puisse nous étonner, étant donné qu'ils sont les pierres où se gravent toutes les facultés, tous les désirs, toutes les passions de l'homme. Mais où donc découvrez-vous cette force exceptionnelle qui assure à la raison le pouvoir sur tant de passions diverses, sur tant de passions brutales. Pourquoi cette violence chez les uns, cette faiblesse chez les autres? Pourquoi ces sentiments d'envie, de haine, de vengeance, et pourquoi, à côté, le calme, le pardon, l'amour? Puisque tout est affaire de myélocites, encore une fois, où donc est celui qui représente la raison et comment peut-il dominer tous les autres?

Il le peut : nous allons le comprendre. Auparavant une citation de Charles Richet.

« L'homme, dit-il, est vraiment le chef-d'œuvre des choses à nous connues, puisque dans l'immense univers, rien n'est comparable à la complexité miraculeuse, inextricable et harmonique à la fois de son intelligence...

« Et non seulement le travail cérébral est d'une infinie complexité ; mais il a encore cet unique privilége d'être conscient de lui-même, de pouvoir se connaître et s'observer...

Et il ajoute ce mot qui nous paraît une tache dans les paroles si justes du savant.

« C'est un *mécanisme merveilleux* ».

Par esprit de combativité, ouvrons une courte parenthèse contre ce mot malheureux de mécanisme :

Mêler le mécanisme à la vie, à l'intelligence, comme si la vie n'était point une force libre et changeante, tout le contraire du mécanisme ! comme si une mécanique tant merveilleuse soit-elle pouvait être consciente. La cellule vivante et vibrante n'a rien de commun avec l'engin indifférent d'une mécanique, mais le maître aurait pu dire sans blesser la logique. La vie est une merveille que nous avons tâché d'imiter dans celui de nos travaux que nous appelons la mécanique.

Abordons enfin le chapitre le plus important de cet ouvrage : L'homme peut-il ou ne peut-il pas diriger le travail complexe des cellules contenues dans son cerveau ? Nous avons retardé à dessein notre explication sur ce point, car il nous paraissait utile de savoir d'abord comment de cette simple apparition du plastide sur la planète a surgi dans le temps la forme de l'homme, et comment du travail de l'homme est sorti le merveilleux cerveau qui a osé en quelque sorte se mesurer avec l'Univers ? N'a-t-il pas su, en effet, dompter les corps les plus terribles que recèle le globe où il est placé ? Et ne s'est-il pas créé des instruments qui permettent à ses yeux de percer les lointains espaces, de deviner la marche et la vie des étoiles ?

Cependant l'homme est petit encore, mais il grandira ; il est méchant encore, mais il se modifiera, il est misérable encore, mais il deviendra puissant ; il est malheureux encore, mais il parviendra au bonheur ; et sa félicité, il la devra à sa liberté. C'est par l'exercice de sa liberté que l'homme arrivera à sa destinée qui est le bonheur.

Sa finalité sur le globe c'est le bonheur.

Nous espérons le démontrer dans la seconde partie de cet ouvrage.

SECONDE PARTIE

Chapitre IX

Liberté

Il n'y a pas en philosophie de difficulté comparable à celle que représente l'explication de ce mot : *liberté*.

Que serait-ce que la liberté ?

Le pouvoir qu'aurait l'homme de juger du juste et de l'injuste et de faire choix de l'un ou de l'autre dans sa conduite, autrement dit d'user de son *libre arbitre*.

Mais d'où viendrait à l'homme cette faculté superbe qui l'élèverait en quelque sorte plus haut que la grande nature, car le bien et le mal ne semblent pas exister pour la nature indifférente. Pourquoi l'homme seul jouirait-il de ce privilége d'être juge quand la nature même se tait ? Le libre arbitre ne serait qu'une pure chimère.

« En vain je me morigène, dit l'esclave de ses passions subversives. L'attrait du mal l'emporte toujours sur ma volonté. L'orgueil qui me fait désirer ou garder une richesse dont l'emploi me rend maître de la plupart des petits et des humbles ; l'orgueil qui me jette dans des spéculations dont la réussite sera la misère et l'abaissement des autres, enlève comme un tourbillon mes velléités de droiture ; je ne suis pas libre non plus de m'arrêter devant la liqueur excitante dont l'excès va tout à l'heure faire de moi une brute quand il ne me poussera pas au crime ; je ne commande point à mes sens devant la beauté provocante de la femme que le mariage attache à mon ami et voici un homme cher à mon cœur reconnaissant, un homme qui m'a sauvé d'un désastre financier et cet autre qui a exposé sa vie pour me retirer des flots où j'allais m'engloutir... Eh ! bien, je lui vole sa maîtresse ! Elle est séduisante, elle est belle ! La volupté de sa possession m'attire... et je succombe, oubliant dans ses bras le crime d'ingratitude que je commets !... »

Vos excuses ne sont que sophismes, habiles sans doute, mais peu convaincants. Je veux essayer de vous le démontrer.

Assurément l'exercice noble de sa liberté, c'est-à-dire commander à ses actions après délibération en soi du juste et de l'injuste, est un effort d'autant plus difficile que nous possédons moins de moyens de le faire. Si vous pouvez courir une heure durant dans un moment de surexcitation, redevenu calme, vous ne le pouvez plus, et vous vous arrêtez au milieu du chemin. Si la faim vous talonne à la suite d'une diète forcée, vous vous sustentez par un vigoureux repas double, triple de ceux qui vous suffisent ordinairement, d'où je conclus que certaines forces, certains excitants sont nécessaires à celui qui voudrait commander à ses passions et s'en rendre maître. Eh bien ! vous avez le pouvoir d'acquérir ces forces, ces excitants. Fouillez dans le tréfond humain et vous y trouverez la faculté qui pourrait faire de vous le juge dont je vous parlais tout à l'heure et éveiller en vous le *libre arbitre* que vous traitez de chimère : cette faculté, c'est le *Vouloir*.

L'homme qui a le mieux parlé du Vouloir, est peut-être celui dont on attendait le moins sur ce sujet d'une importance si capitale, Schopenhauër. Schopenhauër, le philosophe de la désespérance, qui entasse sophismes sur sophismes pour prouver que la vie n'est qu'un leurre et que nous n'avons rien à attendre d'elle, Schopenhauër a cependant écrit ces quelques mots que nous nous plaisons à répéter :

« Le vouloir est *la chose en soi*. Le concept de force ne vient qu'après le concept de volonté, car le concept de force a pour base la connaissance intuitive du monde objectif, c'est-à-dire du phénomène, tandis que la volonté ne part de rien que de l'*être vivant* dont la force vient précisément de la volonté qui court au phénomène par sa manifestation. » (1)

Le vouloir en effet ne part que de l'être vivant ; il est en quelque sorte co-propriétaire avec la vie de l'individu. La molécule vitale et la volonté sont liées ensemble de façon à ne faire qu'un, la vie étant toujours accompagnée du vouloir qui n'existerait pas sans la vie.

Le vouloir qui semblerait suffire à l'homme pour lui apprendre la droiture peut toutefois se trouver obscurci ou arrêté dans sa force par deux puissances latérales d'une grande importance, l'atavisme et le milieu.

Le vouloir, l'atavisme et le milieu gouvernent tous les êtres quels qu'ils soient ; mais pour affirmer la supériorité de l'homme, nous trouverons sa liberté et par conséquent sa responsabilité que lui confèrent la raison et la conscience ; ces deux facultés que ni les plantes ni les animaux n'acquerront ni ne connaîtront jamais.

Etudions d'abord le vouloir et rendons-nous compte de son immense force sur le globe où pour des milliers, des millions de siècles encore nous sommes attachés.

C'est par le vouloir que tous les êtres créent la figure qu'ils tiennent de la molécule vitale co-exis-

(1) Nous avons déjà cité ces paroles dans *Le Moi éternel.*

tante avec la planète, ce vouloir qui ne part, dit Schopenhaüer, que de l'être vivant.

Le vouloir se traduit toujours au commencement par l'*appétit* ou vouloir *vivre*.

La plante se sustente des atomes qu'elle trouve dans l'air et dans la terre ; et voyez quelle force dans son vouloir, et comme se marque déjà, au seul point de vue de la nourriture, la *lutte pour la vie* dont parle Darwin. Elle privera de lumière, de chaleur les plantes plus faibles qui croissent autour d'elle si ces dernières sont un obstacles à son épanouissement.

L'animal tue les faibles pour se nourrir ou broute les herbes jolies qui ne demandaient qu'à s'épanouir au soleil. L'appétition de tous les animaux constitue en définitive leur unique vouloir. La bête ne tue que pour manger, à moins que l'instinct de sa conservation ne l'oblige à l'attaque ou à la défense.

Le vouloir de l'homme est autrement complexe. Il a sans doute quelque chose de commun avec les plantes et les animaux, l'appétit et la conscience de soi, puisque l'animal fuit d'instinct le danger et la mort, mais combien est différent le vouloir de l'homme que la raison et la conscience morale viennent éclairer !

La raison qu'il ne faut pas confondre avec l'intelligence dont jouit à un degré plus ou moins élevé, la totalité des bêtes, la raison sépare nettement la race humaine de toutes les autres races que nourrit la

Terre. La raison appartient à l'homme seul ; c'est le puissant auxiliaire de sa volonté ; c'est par elle que l'homme est juge, qu'il a le sentiment du juste et de l'injuste, du bien et du mal, du beau et du laid. C'est l'organe cérébral dont nous avons le plus besoin ; c'est l'ange gardien qui préserve nos pieds des pierres du chemin, et sans lequel nous ne pourrions rien, pas même marcher droit.

Mais comment la raison est-elle née ?

Quelques mots préliminaires avant notre réponse à cette question dont on conçoit toute l'importance.

Auparavant, rappelons que nous avons rayé de notre vocabulaire le mot *idéal*, parce qu'il n'a sa représentation dans aucun atome de la substance.

Si nous adoptons l'idée des Lamarck et des Darwin qui font commencer les moi sous la plus simple, la plus mince figure : une cellule, nous sommes forcés d'admettre la *volonté* chez ces moi qui auront, en effet, bâti l'être dont le noyau vivant était la molécule vitale ou force vitale ; et d'admettre aussi que pendant des milliers de siècles cette même volonté a travaillé à construire sa figure avant de parvenir à sa représentation complète.

Ou il faut accepter, d'après les Bibles, l'existence sur la planète de tous les couples d'êtres que la divinité y aurait lancés avec les figures qu'ils ont aujourd'hui.

Nous n'hésitons pas à choisir comme plus logique,

plus vraisemblable la première de ces deux explications ; les hommes pourraient, sans déroger à leurs croyances religieuses, renoncer à la seconde. L'éternité n'est rien pour un Dieu éternel, qui peut tout aussi bien être le Créateur des Moi se développant lentement sur le globe, que le Créateur des Moi s'y présentant tout d'un coup.

Or si le Vouloir a forgé sa figure depuis la première apparition du plastide ; c'est lui qui a bâti son cerveau quand le plastide en est arrivé à sa forme d'homme ; et les myélocites psychiques s'y sont groupés selon que la Vouloir les y a créés.

Nous allons tout à l'heure faire la part de sa responsabilité en rappelant que le vouloir peut-être dirigé — sauf deux exceptions que nous indiquerons — par deux lumières en soi infaillibles : la raison, la conscience.

Mais qui a créé la raison, son origine ?

La raison provient des sociétés.

L'homme ne saurait vivre seul. Donc la société, au point de vue philosophique, est nécessaire.

Mais cette association des hommes entre eux leur a créé des obligations, des devoirs. Ils ont senti la nécessité de les fixer par des lois. Alors une faculté a surgi en nous, *la raison*, vraie balance de nos facultés qui nous éclaire sur la valeur de ces lois ; qui nous fait juges de la justice ou de l'injustice des obligations, des devoirs qu'elles nous imposent.

Ajoutons qu'à cette lumière de la raison se joint une puissance interne d'une suprême force, parce qu'elle semble atteindre à la fois toutes les facultés psychiques, tous les myélocites de l'encéphale ; cette puissance se nomme la conscience.

En effet tout ébranlement nerveux devient conscient si rien n'entrave les neurones chargés de les propager dans l'organisme.

Mais la conscience est double ; celle que l'on pourrait dire purement physique, qui se traduit par la douleur ou le plaisir, qui ne va pas plus loin qu'à la surface ; et la conscience psychique qui ébranle on pourrait dire, toute l'intériorité du moi.

C'est cette dernière conscience unie à la raison qui deviennent chez l'homme les lumières du Vouloir ; et c'est de ce triple concours entre le vouloir, la raison, la conscience que provient le *libre arbitre*.

Nous avons dit que deux circonstances peuvent cependant annihiler la raison ou l'obscurcir de façon que le Vouloir ne serait plus que peu ou point responsable.

Il faut nous rappeler que les molécules vitales ou forces vitales se trouvaient éparpillées au milieu des atomes qui constituaient la planète, lorsque la vie commença d'apparaître à sa surface sous la forme de cellules, mais que ces cellules ne pouvaient se produire que dans un certain milieu.

Or ce milieu consistait en un mince amas de corps

inertes que la vie allait animer et qu'elle seule avait pu choisir, puisque tous les atomes de la matière, excepté les atomes vivants, sont en soi inertes. Ces amas de corps dits simples en chimie, nous les avons nommés sarcodes ou plasmas.

Nous avons vu, comme en sortant de ce milieu plasmique la vie avait longtemps travaillé à forger les figures qui devaient lui permettre de se manifester chacune selon son espèce ; travail inconscient ou du moins que nous croyons inconscient chez les plantes, les animaux et les enfants, et devenu plus ou moins conscient chez l'homme adulte. Nous savons aussi que la raison de l'homme est née dès que les hommes ont compris qu'ils avaient besoin de s'associer pour vivre.

De ce choix parfait ou imparfait des atomes que fait la molécule vitale, nous ne savons pas le pourquoi ; nous ne savons pas davantage le pourquoi de la vie. La nuit nous environne quand notre curiosité cherche à dépasser certaines limites ; mais si nous nous bornons à chercher pourquoi telles formes de la vie, il nous est permis de croire que l'étude et le raisonnement nous apprendront à comprendre ce dernier pourquoi et à nous faire une idée juste de l'homme, de ses facultés, de ses responsabilités dans les milieux où les circonstances l'ont placé.

Or, l'homme possesseur du vouloir, de la raison

et de la conscience est *absolument libre* si son cerveau est équilibré.

Son cerveau peut être équilibré, s'il naît dans un milieu où l'éducation lui enseigne la justice, car tout est là pour l'homme, savoir être juste envers soi-même et envers les autres. Dès qu'il agit injustement il est coupable et responsable dans toute la rigueur du mot.

Mais si tout enseignement lui a manqué ou s'il n'a reçu que les leçons de l'orgueil ; ou si encore il a été abandonné dès son plus jeune âge, au milieu des misères morales ou des logis du pauvre incapable, insouciant, si celui-là transgresse la justice ; évidemment il est coupable, puisqu'il a toujours pour l'éclairer la raison, la conscience ; toutefois on doit, comme certains juges des tribunaux, lui accorder des circonstances atténuantes.

Il peut aussi hériter par atavisme d'un vice moral ou même physique qui lui dérobe la vue du juste ; son avarice est horrible ; ses excès sont abominables, sa luxure est laide.... il pourrait se préserver puisque la lumière de la raison, la vérité de la conscience éclairent sa volonté... Il est coupable s'il ne réprime aucune de ses passions subversives ; mais pour lui aussi on pourrait invoquer des circonstances atténuantes.

Pourtant nous ne disons pas que l'amour du moi est la source de toutes les injustices ou que l'égoïsme puisse être blâmable en soi. Nous ne sentons en réalité que notre moi. Le moi est en même temps objectif et subjectif. Il est notre objet et tous les non-moi ne nous affectent qu'autant que nous les rapportons au moi que nous sommes. Ce moi a horreur de la souffrance et veut jouir — très bien, très naturel. Mais n'oublions pas que le moi ne saurait vivre seul, qu'il a besoin des autres moi ; que le moi est une trilogie dès qu'il appartient à la société ; qu'il est vie, vouloir, conscience. Or, la conscience joue dans le moi le rôle du levain dans la farine dont toutes les parcelles s'imprègnent du levain ; et le moi, siège de la conscience, joue à son tour dans la société le rôle du levain. C'est donc seulement lorsque le moi oublie cette solidarité qui l'attache aux moi composant la société qu'il devient égotiste, égotiste monstrueux, et que les myélocites vicieux, le mensonge, l'orgueil, l'envie, l'injustice, la cruauté, etc., etc., envahissent l'encéphale.

Enfin l'homme est toujours coupable du mal qu'il cause ou dont il est la cause, car il possède par le vouloir, la raison, la conscience, la liberté de s'en abstenir. Plus les circonstances favorisent sa liberté, plus grave est sa chute ; et il faut que la maladie le jette au dernier échelon, comme la bête, pour qu'il cesse d'être responsable du mal survenu par sa faute soit à lui-même, soit à la société dont il est un des membres.

Chapitre X

Hypothèse d'une finalité

Puisque nous reconnaissons que vivre en société est nécessaire ; puisque nous reconnaissons que certaines lois, édictées par la société elle-même en vue de la sécurité individuelle et collective, sont nécessaires ; puisque, après avoir reconnu que l'obéissance aux lois est nécessaire, nous convenons cependant que ces lois ne correspondent pas toujours à la claire idée de justice et qu'ainsi, le législateur doit les modifier sans cesse dans le sens du progrès.

Puisque nous avons reconnu encore que l'homme est le seul des êtres vivants qui soit doué de raison et que la raison l'éclaire toujours d'une façon suffisante pour lui montrer sa route le long de la vie ; puisque nous avons compris que le vouloir, aidé de la raison et de la conscience, confèrent à l'homme son libre arbitre, ou pouvoir de choisir le juste ou l'injuste.

Puisque, en le proclamant ainsi libre, nous faisons de lui un être responsable et soumis à certains devoirs, car en effet, s'il n'avait ni liberté ni responsabilité, il n'aurait point de devoirs...

Quelle conclusion la logique est-elle en droit de tirer de ces prémisses.

Une conclusion qui motive d'abord une question et une question que nous osons dire formidable, la voici :

Pourquoi l'homme est-il ? Sa destinée est-elle marquée d'une finalité ?

Tant de mystères entourent l'homme au milieu de la mystérieuse Nature ; il y a tant d'hésitations encore dans les recherches de la science, tant de voiles partout, qu'il n'est pas possible à la philosophie — qui ne voudrait vivre que de vérités, — de répondre avec précision à une demande de cette force.

Nous ne hasarderons sur ce chapitre qu'une hypothèse analogue à notre hypothèse, l'*Inconnaissable*. Nous empruntons de nouveau à l'Eglise...

« Dieu, dit-elle, a créé l'homme pour le connaître, l'aimer, le servir et, par ce moyen, obtenir la vie éternelle. »

Si nous dégageons ces paroles de toute idée dogmatique, en ne leur attribuant qu'une signification raisonnable et de sens commun, nous les reprendrons en ces termes :

Dieu a créé l'homme pour le connaître, c'est-à-dire aimer la justice ; pour le servir, aimer les hommes ; quant à la vie éternelle... mais c'est le bonheur que l'Eglise nous offre ! c'est le bonheur qu'elle affirme !

Ainsi le bonheur serait la finalité de l'humanité !

Ainsi, la finalité du moi humain, ce serait le bonheur ! O lumineuse promesse ! O perspective pleine de délices ! Retenons-la, pourvu que la raison la conçoive. Ne nous leurrons point d'une attente que repousseraient toutes les clartés de la raison. Ce n'est point d'un Ciel introuvable, d'un Ciel chimérique qu'il s'agit. C'est sur la Terre que nous trouverons ce lieu béni, sur la Terre où nos pieds reposent, sur ce globe où, des milliers d'années durant, nous avons pétri notre moi, moi d'abord gélatineux, informe, qui, à la longue, a pris son aspect superbe, sa figure élevée sur la verticale, avec sa tête aux yeux rayonnants ; avec son cerveau puissant qui sait enfanter des merveilles et préparer les splendeurs auxquelles il aura droit dans un jour lointain.

« Etes-vous fou ? crieront les incrédules, exaspérés de notre prétention. Osez-vous parler du bonheur sur une Terre où tout est difficulté, misères, crimes, tueries, êtes-vous fou ?... Vos théories ne me peuvent consoler, qui ne m'offrent que des perspectives d'attentes indéfinies, perspectives dont votre imagination, d'ailleurs, a créé les félicités ?...

— Non, pas mon imagination. Permettez-moi de m'appliquer certaines paroles du géologue Hutten :

« Je prends, dit-il, les choses telles que je les trouve actuellement, et je pars de là pour raisonner sur ce qu'elles ont dû être et ce qu'elles seront. »

Si incroyables que vous paraissent mes prédictions,

j'essaierai de vous démontrer qu'elles ont pour elles la vraisemblance et la logique !

Et d'abord vous nous reprochez des perspectives de bonheur trop lointaines, pour que nous nous y attachions.

Savez-vous bien qu'il y a deux siècles, Pascal, Bossuet et toutes les saintes gens de Port-Royal, qui affirmaient la réalité du Paradis, parlaient en même temps du Purgatoire, où étaient longuement expiées les fautes qui n'entraînaient point des peines infernales? On acceptait alors sans regimber l'idée de ces expiations prolongées.

Savez-vous bien encore que dans les chaires sacrées de nos églises, on nous montre aujourd'hui la réception au Paradis, précédée des difficiles et interminables mortifications du Purgatoire? Les personnes pieuses baissent la tête et acceptent.

L'Eglise, donnant pour vérités des enseignements que l'esprit moderne ne saurait accepter, a eu, souvent, l'intuition heureuse, a eu certaines données qui cadreraient avec la science, si elle en retranchait le côté surnaturel, impossible ; mais l'Eglise, en défitive, est gouvernée par des hommes auxquels leur costume ne confère point l'infaillibilité. Les membres de l'Eglise sont comme dans l'armée, tous dépendants les uns des autres. Se croyant en possession de la vérité, ils ne songent point, pour la plupart, à se dire qu'ils pourraient être dans l'erreur. Ils refusent, soit par humilité, soit au contraire par orgueil, d'adoucir les côtés qui choquent trop la raison. Cependant, le péché d'orgueil est précisément celui pour lequel l'Eglise a le moins d'indulgence, puisqu'elle le place à la tête des plus graves péchés et puisqu'elle l'attribue à l'Ange de Lumière que Dieu a frappé pour toujours !

Quand nous aurons offert au moi humain la preuve que le bonheur est sa finalité sur notre Terre, nous connaîtrons également la destinée des êtres marqués du sceau divin de la raison, sur tous les globes du Ciel ayant brillé dans le passé, brillant dans le présent et qui brilleront dans l'avenir, car nous savons que la nature a toujours des procédés analogues pour ses plus minces comme pour ses plus larges créations et que l'Eternité est sans commencement ni fin.

Et d'abord qu'est-ce que le bonheur ?

« Nous sentons Dieu, nous ne l'expliquons pas, » m'a dit un jour Jules Levallois, le critique consciencieux et fin si connu dans notre XIX° siècle. Répétons après lui : Nous sentons le bonheur, nous ne l'expliquons pas. Essayons toutefois d'aller plus loin.

Le bonheur est une conception vague, mais un concept qui a cela de particulier, qu'en l'évoquant, une aise nous prend le cœur, une émotion saisit nos sens, une vibration ébranle nos nerfs et l'imagination enfante...

Enfante quoi ?

Quelque être exempt des souffrances passées, vivant dans un milieu où toute laideur a disparu ; où les amitiés sont sincères, où les amours sont fidèles, où, comme un dieu de l'Olympe, il boit à longs traits, la coupe d'ambroisie, toutes antithèses, enfin des misères présentes de l'existence.

Mais, pour que l'homme puisse jouir du bonheur, — l'étude de son caractère versatile nous l'enseigne — pour qu'il puisse jouir du bonheur, il faut qu'il ait le sentiment de l'avoir créé selon sa convenance.

Une pendule aux rouages ingénieux, marquant l'heure avec une exactitude parfaite : telle serait l'analogie de l'homme équilibré dès le commencement, doué dès le commencement des atomes, molécules et myélocites, qui constitueraient son être en harmonie, tout entier. Or, il n'était rien de tout cela quand il apparut, mince plastide, parcelle gélatineuse sur le sol humide de la planète, il y a quelques millions d'années.

Au moi, quel qu'il soit d'ailleurs, la tâche ardue de bâtir sa figure, à l'homme, suprême moi de tous les moi, celle d'organiser sa forme, l'unique parmi toutes les formes vivantes qui soit construite sur un plan vertical, et son cerveau avec les circonvolutions merveilleuses, qui lui acquièrent l'esprit, le génie, la puissance !

Le vouloir, nous l'avons dit, lié nécessairement,

étroitement, à l'atome de vie qui fait son espèce, sa personnalité, le vouloir dans l'exécution de son travail, cause les hasards de l'esthétique.

Le travail a commencé inconscient mais conduit par un sûr instinct dès l'apparition de la première cellule. Or, déjà nous l'avons vu la cellule était munie d'une bouche et d'un anus pour l'absorption et la déjection. C'est en se nourrissant qu'elle a trouvé peu à peu sa forme. Comme en définitive la nourriture de tout moi vivant est un composé d'atomes se formant en agrégats et que ces agrégats sont un mélange des corps simples dont la Nature est prodigue, il faut bien convenir que ces mélanges de corps simples expliquent les hasards qui différencient non seulement toutes les espèces vivantes, mais encore chacun des individus appartenant à chaque espèce. C'est le hasard des molécules englouties par l'appétition des êtres qui crée les types plus ou moins réussis ; qui nous fait dire que l'un est beau et l'autre laid, selon que le dessin initial contenu dans la parcelle de vie ou molécule vitale qui l'anime est réussi ou ne l'est pas. Ce déssin initial, nous le sentons instinctivement. Si nous ne le sentions pas d'instinct, nous ne pourrions pas juger de l'harmonie des lignes et nous n'aurions pas créé l'esthétique. C'est cette réussite ou non des agrégats atomiques employés par les moi pour construire leur espèce qui constitue uniquement le hasard.

Mais l'homme, intelligent, peut dans quelques cas modifier le hasard. On s'en rend compte par les différents croisements qu'il établit entre certains animaux, certaines plantes. Il obtient ainsi, par exemple, des chevaux magnifiques, des fleurs doubles, aux colorations splendides, seulement ce sont d'heureuses variétés que lui valent ses essais. Jamais la Nature ne changera au fond l'espèce qu'elle a créée.

L'homme lui-même peut essayer de modifier son espèce ; mais la difficulté est infiniment plus grande, précisément à cause de la liberté qui lui est départie, liberté qui même tourne souvent à son désavantage.

Pour avoir une génération d'êtres robustes, beaux et bien faits, il ne faudrait que des unions où chaque individu aurait pour lui la force, la régularité des formes et des traits. Ce n'est point cela qui nous préoccupe la plupart du temps. Les sociétés grossières, orgueilleuses recherchent avant tout la richesse, le pouvoir ; et croient trouver ces avantages dans des unions que la sagesse leur interdit. Les excès sont encore une cause de malheurs, de misères, pour les enfants qui naissent de parents anémiés par les plaisirs, abrutis par l'ivresse ; il se forme ainsi dans certaines familles des tares dont héritent souvent leurs malheureux descendants.

Quoi faire lorsque le mal est trop invétéré ? Se

garder de la concupiscence. L'homme aussi bien que la femme se sachant frappés par l'atavisme, doivent demeurer chastes. Ils ont la raison qui leur dit que leurs descendants misérables pourront les maudire.

Et l'on voit cependant des tuberculeux avoir des familles nombreuses, des boiteux, des bossus, des borgnes, des aveugles s'exposant à procréer des êtres dont quelques-uns, quelquefois tous, seront frappés comme eux !

Egoïsme, indifférence, irréflexion : telle est le plus souvent la source du mal, que l'éducation fera disparaître. Encore une fois, nous avons le temps puisque nous avons, avec le présent, l'éternité. Le jour où le moi ou âme sera convaincu qu'il n'existe que par une molécule de vie indestructible, laquelle passe par toutes sortes de péripéties, et que le mal qui le frappe provient ou du désordre de sa vie présente, et, plus que cela, du désordre des ancêtres, il saura refréner ses passions ; il voudra attendre par une vie plus régulière, le bonheur dont il n'a qu'une vague mais délicieuse intuition ; le bonheur qui sera la finalité de son moi sur la planète, où pour des milliers de siècles encore il est fixé. Il faut qu'il sache et qu'il soit convaincu que le travail atomique de son vouloir lui préparera, en effet, plus ou moins lentement, plus ou moins promptement, ce bonheur dont tout à l'heure nous énumèrerons les principales conditions sur le globe. Avec les progrès des âges, nous arriverons sur la Terre à des civilisations qui auront assez changé nos mœurs, nos esprits, nos cœurs pour que nous y trouvions :

1° Un milieu élyséen.

2° L'hygiène fortement établie, rendra à peu près inconnues les maladies qui sont aujourd'hui le tourment de l'existence.

3° La guerre, depuis longtemps aura été bannie, oubliée, remplacée par des mœurs douces, charmeresses, d'où jaillira, comme d'une source, la gaîté et la bonne humeur.

4° La charité des hommes envers les hommes et les bêtes — dont nul n'excitera plus les souffrances pour lui servir d'amusement — rendra facile l'esprit de solidarité, que l'on ne comprend guère, surtout que l'on ne pratique guère de nos jours.

5° L'amour aura des jouissances dont l'intensité est inconnue encore de nos sens, intensité dont les religions mêmes nous donnent l'analogie en nous offrant la possession d'un Dieu.

6° L'amitié déjà si précieuse à nos cœurs endoloris, l'amitié unira entre eux certains couples, certains groupes, et soutiendra dans la sérénité les enveloppes (les existences) des moi. La vieillesse s'éteindra, heureuse, à la façon d'une lampe où l'huile vient à manquer. La naissance en sera en quelque sorte l'antithèse, car la femme robuste de ce temps, enfantera sans douleur, qui aura porté dans son sein gracieux l'être également gracieux créé par le pur amour.

7° Enfin l'homme, d'une façon que nous ne pouvons guère que préjuger, aura acquis le souvenir des maux passés, et la comparaison d'antan avec le présent lui sera ainsi un motif d'exquises jouissances.

Nous nous proposons d'étudier, une à une, les sept conditions que nous venons d'émettre et qui font l'objet du dilemne suivant :

Ou nous atteindrons au bonheur, car l'aspiration de l'humanité vers le bonheur n'est point une chimère. C'est la raison de sa vie intelligente, la finalité qui lui est promise par une *Volonté* de la nature.

Ou nous n'atteindrons pas au bonheur. L'histoire du passé, les souvenirs de quelques milliers d'années laissés par nos ancêtres, ne suffisent pas à prouver *l'ordre dans la nature*. Notre expérience est courte eu égard au gouffre de l'éternité. Tout sur la terre n'est-il point nuit, mensonge ? L'homme n'est-il point le jouet de ses rêves ? Quelque chose le tirera-t-il jamais de la bourbe où l'enfonce son égoïsme. Nous ignorons s'il a une tâche à remplir. Nous ne savons pas pourquoi il est.

Choisissons.

Laquelle de ces propositions semble logiquement se conformer aux vouloirs des moi intelligents et raisonnables ;

La première évidemment. Alors nous croyons à l'ordre dans la Nature ; et puisqu'il y a de l'ordre dans la Nature il y a un Ordonnateur ; et puisque nous avons le sentiment du bonheur, rien n'étant sans une cause, nous jouirons à un moment quelconque du bonheur.

Chapitre XI

Histoire d'un globe

Le Progrès c'est tout ce qui tend à monter ; à faire d'un être abruti, ignorant, un être intelligent et sachant la valeur du bien et du mal, à faire d'un sort misérable un sort fortuné ; à faire d'un œil éteint un œil que la lumière éclaire. Et qu'est-ce qui peut nier les bienfaits que les inventions, les découvertes de la science procurent aux sociétés ? Qu'est-ce qui peut nier les bienfaits que l'éducation apporte aux mœurs de l'humanité ?

Cependant les sceptiques prétendent que les hommes auront toujours les mêmes défauts, les mêmes vices et que rien ne les changera jamais.

Pourquoi cette désespérance ?

C'est l'impatience qui cause tout le mal. L'enveloppe des moi s'use vite. La robe de jeunesse se change en un suaire pour le tombeau, tandis que se déroulent les événements. Mais la vie, la molécule-vie demeure et refleurit.

Que faut-il pour que les hommes comprennent cela ?

Qu'ils sachent voir ce qui se passe dans le temps.

Cependant ils comprennent bien que les cendres

qui restent au foyer de la bûche rongée par le calorique, et que la fumée qui s'est échappée de la bûche ne se perdent pas quand elles se remêlent au grand tout de la substance. Ils n'ont qu'à refaire la synthèse dont le foyer vient de leur montrer l'analyse pour savoir le mystère du mouvement perpétuel de la vie dans ses manifestations. La vie est le vrai mystère d'où jaillit pour chaque moi la flamme, la fumée, la cendre, la vie dont la fonction est tour-à-tour et éternellement la synthèse et l'analyse des moi.

Pourquoi cette fonction de la vie ?

Halte-là ! Le pourquoi nous est un mystère insondable. Contentons-nous de penser fièrement de même qu'un savant déjà cité, Hutten : Prenons les choses comme nous les trouvons et nous en induirons ce qu'elles ont été et ce qu'elles seront.

Ce qu'elles ont été ? misérables, comparées à ce qu'elles sont aujourd'hui ; et l'avenir les fera plus belles, plus complètes.

Les impatients se rendent difficilement à l'idée de progrès parce qu'ils ne comptent point avec les hasards atomiques. C'est pourtant le rangement, le dérangement des milliers d'agrégats de la matière qui préparent et précisent le progrès.

Qu'on nous pardonne de nous répéter; mais il faut que cette idée de progrès nous l'enfoncions en quelque sorte dans les esprits pour qu'elle leur devienne claire.

Le progrès, sans cesse arrêté, borné par les accidents de la vie ne marche point en ligne droite verticale mais en ligne mixte, ce qui explique au milieu de nos sociétés ses apparents retours en arrière.

Dans le chapitre précédent, nous avons écrit cette phrase :

« L'homme vivra alors dans un milieu élyséen ».

En effet, la Terre dans cet avenir lointain dont nous avons parlé aura changé d'aspect. C'est que, de même que l'homme, elle progresse à chaque course qu'elle fait autour de l'astre qui l'éclaire et l'anime de ses feux resplendissants ; la Terre, comme l'homme qui vit d'elle et sur elle, est noyau, croissance et sera décroissance. Elle se trouve maintenant dans sa période de croissance, et de croissance relativement peu avancée.

Il y a analogie entre la vie de la Terre et la vie de l'homme. Quand nous l'aurons démontré, on s'expliquera mieux comment notre globe, progressant en même temps que l'humanité, deviendra le milieu élyséen où régnera le bonheur.

Dans sa soif de savoir, l'homme a fouillé la terre, l'homme a fouillé le ciel et bien des mystères lui ont été révélés. Avec l'astronomie il a trouvé la provenance de la planète ; avec la chimie l'analyse et la synthèse des corps qui la constituent; avec la physique il découvre leurs propriétés ; par la géologie il apprend à connaître l'intérieur du globe qu'il habite ; enfin la botanique et la zoologie nous renseignent sur sa surface.

Toutes ces branches de la science des générations les ont étudiées avec acharnement, et, sans avoir approfondi tout d'elles, on les connaît assez cependant, pour qu'il soit possible d'en tirer une *histoire de la vie du globe*.

Le vaste cosmos où nagent les soleils, les planètes, les comètes, semblables à des navires voguant sur des mers infinies, le vaste cosmos est froid. Il est sans vie et contient les *forces-vies* — nous les avons nommées les *molécules vitales* — qui se manifestent en tourbillons d'atomes, nébuleuses, astres, moi-vivants.

Les diverses étages et couches terrestres où la science a puisé nous ont appris à calculer approximativement l'âge de notre planète. Or sa vieillesse, à nous dont l'âge présent dépasse rarement cent ans, nous semble prodigieuse.

Elle avait déjà vingt-quatre millions d'années à l'époque archi-reculée où sa surface était encore liquide. Nous disons *millions* et non pas mille. Que l'on ne confonde par les termes. Les calculs de lord Kelvin sur la diminution de vitesse de la rotation diurne et sur la propagation de la chaleur centrale vers la surface où elle est rayonnée, ont autorisé le savant anglais à tirer de ses travaux la conclusion que nous venons de rapporter.

Vingt-quatre millions d'années! et combien de millions de fois la Terre tournera-t-elle ensuite pour acquérir dans l'ambiance les terrains où apparaîtront les premières manifestations des molécules vitales qui grouillaient, impatientes, dans son sein fécond, et qui allaient s'épanouir d'abord sous la simple forme de plastides.

L'esprit se perd... Pourtant il faut bien accepter l'idée que les molécules vitales pour construire les figures contenues intrinsèquement en elles, telles que nous les voyons aujourd'hui, furent aussi des milliers d'années en travail. Et même en ne se rangeant qu'à l'opinion moderne du Transformisme, on devrait néanmoins penser qu'un labeur d'une lenteur impossible à calculer, a été réalisé par ces sortes de branches, par ces animacules gélatineux dont on nous montre tant de dessins, pour devenir les plantes, les arbres, les frêles animaux et les bêtes puissantes qui peuplent maintenant, notre Terre.

Ou — encore une fois — croire aveuglément à l'explication biblique ou s'incliner devant les conséquences du Transformisme, à moins que la vérité ne sorte plus logiquement de la molécule vitale. Tels sont les sujets offerts à nos méditations. La Bible et la molécule vitale portant en elle sa forme préconçue impliquent pour le moi l'idée d'une finalité. Le Transformisme est franchement négatif. On ne peut s'y rattacher en quoi que ce soit dès qu'on y cherche une lueur d'avenir, et c'est en vain qu'un philosophe des plus séduisants, parce qu'il est aussi un grand poète, M. Sully-Prudhomme, se jettera dans les embarras du déterminisme ou du concept psychique pour en déduire la finalité ; nous croyons pouvoir lui prédire que sa méthode ne le conduira jamais à la découvrir.

Cette digression nous écarte de l'histoire du globe que nous allons reprendre :

La Nébuleuse, lentement formée dans les cieux jeta dans l'espace les planètes (1).

La Terre est l'une de ces planètes.

Dès son arrivée dans l'éther elle commença son mouvement de rotation autour de l'astre qui restait de la Nébuleuse, astre que nous appelons le Soleil.

L'enfant venait de naître. Tourner pour le globe c'était se nourrir des atomes de l'éther ambiant, de même que le nouveau né prend lui aussi tout de suite le lait de sa nourrice.

L'atmosphère où tombait la Terre était glacée. Les ballons expédiés par la science dans des hauteurs où l'homme ne saurait monter sans périr, nous ont appris combien ces froids sont terribles. Notre nouveau né (la Terre) s'y congela ; mais sa masse étant hétérogène, toutes ses parties ne furent pas au même degré atteintes par la congélation — Ceci nous semble une des puissantes raisons que nous avons

(1) Voir le *Moi Éternel*.

de nier à la Nature tout travail mécanique. — Quelques-uns de ses atomes ont subi plus profondément et plus vite les contractions, les condensations amenées par le froid. C'est ainsi que l'on explique la formation d'abord du granit, des roches basaltiques. La chaîne des Andes, des Montagnes rocheuses, celle des côtes occidentales de l'ancien continent peuvent provenir également de la solidification de sa masse liquide s'écoulant vers les régions équatoriales. Il y eut un moment où seulement la surface de la Terre fut presque couverte de la buée qui se fit sur elle par suite de son passage subit de la Nébuleuse brûlante au froid de l'éther.

Jetons un coup d'œil sur cette Terre qui arrive nue et frissonnante à la lumière comme le petit enfant : Personne n'ignore que notre planète a la forme d'un sphéroïde dont l'aplatissement aux pôles est relativement très mince, puisqu'il n'est que de $1/293$. Sa densité comparée à celle de l'eau est de 5, 6. Son niveau oscille verticalement dans des limites de plus de dix-huit kilomètres qui sont encore peu de chose relativement à la grosseur de sa masse. Les tremblements de terre, les volcans, les eaux chaudes nous démontrent qu'une chaleur intense existe à son centre, sans nul doute celle qu'elle avait reçue de la Nébuleuse et qu'elle a conservée intérieurement, de même encore, que l'enfant qui ne ressent qu'extérieurement les variations de la température. La planète est entourée d'une enveloppe que nous appelons son atmosphère et qui contient en partie, mais en partie seulement, les corps de sa surface solide. De tous les corps qui entrent dans la constitution du globe l'oxygène semble tenir la première place. La silice vient après. Les autres éléments y sont dans des proportions beaucoup moindres.

L'attraction mutuelle des parcelles, l'énergie chimique, les propriétés magnétiques et électriques de l'ensemble, sont en quelque sorte les éléments biologiques de la planète, comme le sont ceux qui constituent la forme ou figure de l'enfant.

Le Terre porte donc en soi, aussi bien que le corps humain, des atomes et molécules plus ou moins irrégulièrement agencés qui la rendent accessible à la maladie; et, de même que celui-ci encore, elle peut extérieurement recevoir des influences néfastes. Le milieu atmosphérique dont la salubrité a tant d'importance pour l'homme est représenté pour la Terre, par les effluves qu'elle reçoit du Soleil, de la Lune et des astres. L'hétérogénéité de la planète cause les variations de sa densité intérieure. On conçoit que les poids si différents des corps simples qui entrent biologiquement dans sa constitution, y apportent des anomalies que le pendule et l'aiguille aimantée peuvent parfois nous préciser. Mais de ces anomalies mêmes, résultent des bouleversements qui sont comparables aux maladies de l'être humain.

L'enfant qui vient de naitre est tout entier sous la puissance de son moi, puissance énorme, sa volonté de vivre. Aussi se précipite-t-il, acharné, sur le sein gonflé de lait, qui le sustente et qui va raffermir ses membres, alors aussi légers et frêles que la feuille printanière. Mais que, par une circonstance quelconque, ce lait, tout à coup, devienne impur, voilà l'enfant malade, voilà les convulsions qui font la terreur des mères.

Nous avons vu que la Terre aussi, dès le commencement, *voulait vivre*, et que son lait à elle, c'était l'hydrogène, l'oxygène, le carbone de l'éther qu'elle rencontrait dans sa marche ininterrompue. A ces gaz s'ajoutèrent des subtances plus denses, des molécules siliceuses, argileuses, sulfureuses, alcalines, métalliques... Ses eaux s'écartèrent, se rangèrent et sur certaines places, moins humides, crûrent des mousses, des prêles, des lichens, des fougères... peau délicate et douce comme la peau de l'enfant.

Les terrains stratifiés, micachistes, quarz, gneiss, roches durcies par les feux intenses du noyau, résistèrent à la force entraînante des eaux. Alors celles-ci de plus en plus mêlées aux corps simples, dont continuait à se nourrir le globe parcourant l'éther ambiant, celles-ci déposèrent des couches nivelées de sels, de calcaires, de gypses, atomes favorables à l'éclosion des combustibles. On le voit, l'enfant-Terre se formait, devenait fort.

Mais soudain, les eaux, hors niveau, se pressèrent en torrents, bouleversèrent les couches déjà fixées, les dérangèrent comme le lait contaminé venait de secouer les entrailles de l'enfant.

Ces bouleversements intérieurs de la planète, encore mal formée, dont la géologie a pu se rendre compte, furent la première maladie du globe en croissance.

Mais la santé renaît.

L'enfant sourit de nouveau, ses membres délicats reprennent un doux aspect ; son corps mignon redevient potelé.

Telle la Terre.

Aux lichens, aux mousses, s'ajoutent les bruyères colossales, les grands arbres ; les forêts, naissantes, bientôt couronnèrent le globe de leur magnifique chevelure verte. Les eaux s'entassèrent aux pôles, puis se creusèrent des fosses où elles perdirent l'âcreté que conservaient les océans. Ces fosses analogues aux veines qui sillonnent l'organisme de l'homme, sont les rivières distribuées sur les diverses surfaces de la Terre, elles les arrosent de leur sang généreux, leur conservant la fraîcheur, la santé.

Voilà donc la Terre, vraie image de l'homme ou plutôt l'homme, image de la Terre.

Nous venons de la voir enfant, difficile à former, sujette aux maladies, mais dans maintes circonstances ayant surmonté le mal. Elle n'a pas terminé sa croissance ; comme l'humanité, elle n'est encore qu'adolescente. Si, de même que l'homme, elle a eu des maladies. comme celui-ci, elle en a et elle en aura. Ainsi que tout être vivant, la Terre porte en soi sa part d'inconnu, de hasard, si l'on préfère. Ce sont les qualités et l'agencement de ces atomes qui font ce hasard.

Ce sont les qualités des atomes et leur heureux agencement anatomique qui font la santé de l'homme. Les maladies du globe ce sont les grands soulèvements qui le déchirent ; les vents que nous assimilons sans doute à sa respiration, mais qui, déchaînés, deviennent pour elle la fièvre, les sables en steppes infinies et brûlantes qui sont sur elle, comme le seraient des dartres sur la peau humaine. Le trop plein de ses mers : voilà qui a été pour elle une maladie, quand les eaux, coulant à flots pressés, ont enfoui dans des profondeurs terribles, ses arbres, ses fleurs, ses prairies que le fléau noircissait à mesure qu'il les dévastait, mais nous n'avons pas fini l'énumération de ses maux. Les froids de ses pôles et de ses montagnes la craquellent, couvrent sa peau de fantastiques gerçures, gerçures analogues à celles qui frapperaient les hommes exposés aux intempéries ; puis ce sont des coliques qui la prennent aux entrailles et provoquent des vomissements de flammes et de feu. Tout se dessèche alors ; et des milliers de pierres éparses semblent vouloir étouffer ce qui avait vécu sur son sol.

Eh ! bien, tout cela, tremblements de terre, volcans, orages dévastateurs, tout cela était fréquent dans les premiers temps et devient plus rare à mesure que la planète, continuant son mouvement diurne, se couvre de fécondes alluvions et que sa peau devient plus épaisse.

Nous savons que ses océans retiennent dans leurs profondeurs immenses, les êtres microbiens qui la rongeaient jadis, comme la vermine qui pullule sur la tête de l'enfant ; mais que ses terres se sont déjà emparées des bords de ces mers ; que l'avenir rectifiera ces mers ou les proportionnera avec les parties sèches ; que des cataclysmes après avoir submergé des continents entiers ne dévasteront plus le globe dans des proportions si énormes ; que les glaces des pôles qui se sont avancées puis reculées, sont un indice certain des transformations qui, dans l'avenir lointain équilibreront la planète. Ces progrès que nous avons pu constater, nous présagent en effet qu'un certain équilibre se produira dans sa respiration, les froids des pôles diminuant, les chaleurs abaisseront leur température. Que faudra-t-il pour cela ? Un imperceptible changement dans l'écliptique.

Puisque tout se modifie et change, nous ne pouvons pas admettre que la Terre seule reste stationnaire. Elle nous a laissé et nous donne encore trop de preuves de ses progrès vers l'harmonie, elle a trop de similitude avec l'homme pour que nous renoncions à l'idée qu'elle suivra dans ses modifications les destinées de l'homme ou plutôt c'est celui-ci qui progresse en même temps que la planète dont la santé maximum concordera avec celle de l'humanité parvenue au bonheur. D'ailleurs l'homme, comme un médecin habile, prodigue à la Terre des soins qui devront à la longue, panser ses blessures, raffermir sa santé, embellir sa surface. Si le soleil lui apporte gratis les bienfaits de la chaleur qui dore ses fruits, mûrit ses blés ; si la douce rosée rafraîchit au printemps sa verte chevelure, c'est lui, l'homme, qui a mis partout l'harmonie dans ses campagnes délicieuses, qui a semé les grains, qui a planté les vignes ; c'est lui, l'homme, qui endigue les rivières, arrête les inondations dévastatrices des fleuves ; c'est lui, l'homme, qui dessine les routes et perce les montagnes ; c'est lui, l'homme, qui commence à parsemer d'oasis les déserts de sables, qui purge les terrains infects des marais, détruit les bêtes venimeuses ; l'homme est là enfin, traitant de puissance à puissance avec l'astre où s'écoule sa vie ; car sa tâche semble encore celle de modifier, d'arranger, d'embellir la planète. La vie d'un globe, c'est long et tout à l'heure nous avons constaté que le nôtre n'était présentement que dans la période de l'adolescence. Que de travaux avant la période heureuse ! que de progrès avant que l'esprit rebelle de l'homme ait compris la solidarité qui lui assurera le bonheur !

Il y atteindra. Tout nous le démontre, tout nous l'assure. Combien de milliers d'années durera cet éden ?...

Le cycle se renouvellera indéfiniment tant que le globe terrestre conservera son harmonie maximum. Le commencement de désagrégation des molécules dont la Terre est formée signalera un commencement de diminution dans les populations ; mais ces évènements s'écouleront en des temps d'une longueur si prodigieuse que la vie humaine, alors double, triple, etc., de ce qu'elle est aujourd'hui, s'achèvera sans alarme et disparaîtra avec la planète s'évanouissant, jetant, éparpillant dans les éthers tous les corps qui la constituaient.

. . . .
. . . .

Et une nouvelle Terre, remplaçant celle qui a disparu, ramassera comme la précédente les molécules éthérées de sa constitution (1) car la Nature n'est qu'un renouvellement sans fin, fondé sur des moyens identiques. Ce qui cause les différences en toutes

---

(1) Il y a des savants qui cherchent l'impondérabilité de l'éther. Qu'importe que les atomes de l'espace infini soient d'une ténuité qui échappe à nos instruments Il faut bien que leur élasticité devienne condensation pour que se puissent former les globes de l'univers. Où donc les astres trouveraient-ils des matériaux pour créer leur figure, sinon dans les éthers de l'espace ?

choses, ce qui fait les hasards, ce ne sont — nous l'avons souvent répété — que les agencements variés des molécules. Nous avons donc toute chance de prédire juste ce qui aura lieu postérieurement quand nous parlons d'évènements à venir succédant à des fait dont nos générations sont les témoins dans le présent.

Chapitre XII

Les sept conditions du bonheur

I

D'abord on se sera rendu à l'idée de la *molécule vitale* dont nous avons donné une explication, explication que nous voulons encore répéter succinctement.

La molécule vitale ou force vivante, est éternelle comme tous les atomes de la substance, intransmuable comme tout corps simple. Elle était, est et sera toujours le même *moi* dans les siècles des siècles. A quelque espèce qu'elle appartienne, ou de la cristallisation, ou de la botanique, ou de la zoologie, la tâche lui incombera de construire la forme ou figure de son espèce, jusqu'à ce que la sexualité se charge de continuer la besogne, besogne qui durera tant que durera l'astre, où toute molécule vitale ou force vivante est semée. Si l'esprit n'est point frappé de cette explication d'une logique absolue, qu'il renonce à trouver l'*être* dans son essence, qu'il reste dans les limbes d'une Nature indéchiffrable où, comme sur les portes de l'Enfer, on lit cette inscription : *lasciate ogni speranza*.

Ainsi, pour nous borner à la genèse de l'homme, son moi a passé de l'état gélatineux à l'état d'organisme ferme, chair, os, sang. Il grandissait en même temps que les milieux de la planète se faisaient plus favorables à son éclosion et que leur complexité répondait aux affinités chimiques, aux associations moléculaires de son moi compliqué. La complexité de l'homme, aujourd'hui, est excessive : quel immense travail et quel temps infini pour sortir de la gélatine et en arriver aux membres consistants qui caractérisent ce moi merveilleux ! Le mécanisme de l'œil est le plus stupéfiant des instruments que la Nature lui ai donnés pour manifester sa vie sur le globe terrestre. Qu'on en juge :

La coque de l'œil est une membrane fibreuse très solide, qui affecte une forme sphérique, légèrement ovoïde, et dont la paroi extérieure, la sclérotique, a la couleur d'un blanc d'œuf dur. L'œil est pourvu de deux lentilles, la cornée de forme convexe-concave et le cristallin bi-convexe. Ces deux lentilles sont séparées par l'iris, membrane circulaire, opaque, colorée — c'est l'iris qui donne à l'œil sa couleur — et percée au centre d'une ouverture à la fois dilatable et contractile qui porte le nom de pupille (vulgairement prunelle). L'iris, par ses propriétés de dilatation et de contractilité, remplit un double office qui consiste à limiter le champ de la vision et à opérer instantanément la *mise à point*, pour nous servir d'une expression familière aux photographes.

La rétine, la plus merveilleuse partie de l'organe visuel, est située au fond de l'œil, dans la région opposée à la pupille.

Ici, notons et admirons !

C'est sur la rétine que se dépose l'effigie intérieure des objets extérieurs, et il a fallu, pour obtenir ce miracle, que s'ouvrît le trou imperceptible de l'iris !

Ainsi, un individu qui, placé sur le haut d'une montagne, aperçoit à ses pieds un paysage de 160 kilomètres, a dans la rétine l'effigie de ces 160 kilomètres de paysage !

La rétine est bien petite cependant, mais personne ne saurait douter que sur cet espace si étroit est une image qui a en réalité 160 kilomètres de grandeur !

La science a étudié et connaît de la façon la plus indubitable la composition de l'œil. D'ailleurs, à défaut de s'expliquer le miracle, celui qui regarde le paysage ne peut pas nier qu'il le voit.

Mais puisque le progrès est continu, il nous est tout à fait permis de croire que cet œil miraculeux deviendra plus parfait encore et que dans le lointain avenir où nous entrevoyons le bonheur, nos yeux s'illumineront plus tard, et avec plus de clarté.

Un nombre incalculable de phénomènes auront marqué le temps, tandis que l'œil — comme du reste toutes les parties de l'organisme — si merveilleusement construit que nous le voyons, se modifiera, s'arrangera pour servir davantage notre vision. Des milliers de fois, peut-être, avant d'atteindre à cette époque bénie, la molécule vitale aura passé alternativement de cet instant, toujours très redouté, que nous appelons la mort, à celui de la réintégration à la vie.

La mort est, pour le moi, la perte totale de l'organisme qui représentait sa figure. Ce phénomène a lieu dès que la molécule vitale a déserté l'organisme, atrophié par une cause quelconque. Celui-ci devient alors un milieu où certains animaux peuvent naître, mais qui bientôt s'évanouissent avec la chair qu'ils ont dévorée.

Le drame de la mort a tout anéanti de ce qui constituait auparavant une individualité. Il ne reste de celle-ci que la molécule vitale, qui s'est mêlée aux atomes ambiants, en attendant qu'elle rentre de nouveau dans la vie active.

Ce sommeil de la molécule vitale, cette inactivité à laquelle la condamne la privation de ses organes, passe-t-il vite ou est-il de longue durée? Nous n'avons pas la possibilité de résoudre cette question. Le sommeil de la molécule est-il troublé ou calme? En vertu de cette loi d'oscillation universelle qui tend au nivellement des choses, nous comparons la molécule vitale ensommeillée à l'eau contenue dans un baquet. C'est l'emblème de l'existence précédente du moi. Les injustices commises par celui-ci, en possession de ses organes, laissent l'eau agitée secouée, qui mettra un certain temps avant de retrouver son niveau ; tandis qu'au contraire l'eau du baquet demeure calme durant le sommeil moléculaire du juste que le remords ne trouble point.

La reprise de l'activité pour la molécule vitale est marquée par de nouveaux phénomènes. D'abord elle devra pénétrer dans la liqueur spermatique du mâle, laquelle sera répandue sur l'œuf de la femelle. Cela toutefois serait insuffisant s'il ne s'y ajoutait une nouvelle complication : Il faut que la molécule vitale, imprégnée de la goutte spermatique, atteigne dans l'œuf une partie appelée germe. C'est là seulement le milieu favorable à l'éclosion du fœtus. Il semble bien que pour tout ce qui touche à l'humanité le phénomène se produit relativement peu. De nombreuses semences n'ont d'autre résultat qu'un plaisir aussi vif que passager et non la formation d'un fœtus, première figure de l'être.

Nous avons déjà combattu dans le *Moi Eternel* une erreur que l'on peut particulièrement reprocher aux transformistes, qui assimilent le fœtus humain à certains fœtus d'animaux sous prétexte que tous se ressemblent. Eh ! oui, tous les épithéliums à une certaine période de la vie embryonnaire se ressemblent et leurs éléments, en apparence identiques, sont semblablement disposés : mais les formes diverses qui sortent de ces embryons ne tardent pas à nous prouver qu'en effet la ressemblance des épithéliums n'est qu'apparente. L'expérience de tous les jours nous le démontre suffisamment. Le fœtus d'un chien par exemple, ou même celui d'un gorille a-t-il jamais pris la figure d'un homme ? et *vice versa*. Nul n'a vu qu'un fœtus humain eût produit un chien, un gorille.

La science du reste s'inquiète de plus en plus de résoudre cette sérieuse question. Ce qui l'emporte dans les travaux morphologiques des savants, ce sont les recherches embryogéniques, les observations cytologiques. Recherches et observations, nous en avons l'espoir, nous n'en doutons pas même, prouveront une vérité que nous avons timidement essayé de plaider dans notre précédent volume (1). Nous avons deviné d'instinct la fixité de l'espèce, qui se déduit naturellement des enseignements de Lamarck et de Darwin, enseignements dont on a si malheureusement tiré le transformisme et dont il faudra bien reconnaître l'erreur.

La forme de l'homme a sans cesse suivi une ligne progressive depuis le pliopithécus pentelici du Miocène (2) et la forme de l'homme se modifiera encore

(1) Voir le *Moi Eternel*. Le chapitre *Fixité de l'espèce*.

(2) Le docteur Dubois, dans ses fouilles à Java, a trouvé les débris d'un être qui nous semble avoir une grande parenté avec le *pliopithécus pentelici* et qu'il a nommé *pithécanthrope*. Pourquoi ne pas reconnaître dans ce fossile d'une ancienneté à laquelle on ne peut assigner de date, les premiers hommes, mal

dans les siècles futurs. Nous n'avons nulle raison de croire que le dessin en soit réussi à son maximum. Toute modification biologique se fait avec une grande lenteur; et notre vie normale présente est trop courte pour que nous ayons le temps d'apercevoir quelque changement remarquable dans la figure de l'être humain; mais nous pouvons penser que des modifications imperceptibles se répétant dans les siècles des siècles, produiront des oreilles plus fines, des yeux plus perçants, des jambes plus lestes; en un mot que toutes les parties organiques de l'individu auront acquis un degré de perfection dont l'esprit esthétique de l'artiste pourrait seul se former une idée.

II

La foi au progrès, que peu de personnes récusent, est entachée d'une illusion qu'il faut nous garder d'entretenir. Ainsi l'on s'imagine que le progrès marche en ligne verticale. Il n'en est rien.

Si l'histoire de l'humanité nous raconte que des maladies terribles ont sévi sur certains points du globe, dont la violence semble ne plus devoir reparaître, si des actes barbares, des cruauté sans nom

construits sans doute, mais qui allaient se modifier? Pourquoi s'obstiner à en faire des squelettes de singes plutôt que des squelettes d'hommes puisque par certains côtés ils semblent même se rapprocher de ces derniers?

ont été commises par des hommes sur d'autres hommes, qui feraient bondir d'horreur nos sociétés modernes ; l'histoire de nos jours enregistre encore bien des souffrances corporelles, bien des méfaits, bien des injustices. Le médecin n'est pas près de nous devenir inutile, tout en ayant acquis un art de guérir et d'opérer qui semblerait présager sa disparition. Mais qui pourrait nous donner l'illusion que le médecin uni au philosophe, au sage auront *dans un temps prochain* fait disparaître tous nos maux ? L'homme est enfoncé trop avant dans son égoïsme, sa sottise et son orgueil, pour que nous puissions nous bercer d'un tel espoir. Nous sommes, comme auparavant, témoins de mille abus des puissants contre les faibles ; nous osons encore offrir en spectacle aux foules le sang des animaux que nous torturons et quelques-uns, parmi ces foules, d'applaudir !

Non le progrès n'a rien qui le rapproche de la célèbre échelle de Jacob ; il ne monte point tout droit à la façon du rêve patriarcal ; il ne trace que des angles, comme l'ont déjà fait sentir Pascal et Vico, mais l'observation de ce qui se passe nous démontre pourtant que le recul n'ira pas jusqu'au point où le tracé de l'angle a commencé, et, qu'en dépit des misères que nous sommes bien forcés de voir, misères auxquelles s'ajoutent dans certains pays loin de la civilisation l'esclavage et même l'horrible anthropophagie, nous avançons, nous avançons toujours !

Or, avancer, si lentement que ce soit, c'est marcher vers le but.

Dans notre chapitre, *L'Histoire d'un globe*, nous avons essayé de prouver que la Terre, elle aussi, n'a cessé de progresser ; de plus nous avons dit que cet astre, loin d'être parvenu à son maximum de croissance, est plutôt un adolescent. Les savants lui assignent cent millions d'années au moins, et si à cet âge, plus que respectable, ce n'est encore qu'un adolescent, nous pouvons croire, sans nous tromper, que parvenu à la puberté, il nous offrira, comme nous le pensons, des milieux élyséens.

Une perspective si lointaine ne saurait nous décourager puisque le progrès nous soutient, puisque, à mesure que passeront les phénomènes du temps, le mal sera de moins en moins puissant, faisant place au bien-être général ; puisque l'esprit de l'homme s'illuminera, jusqu'à comprendre la vraie solidarité, puisque les sociétés enfin vivront sur des bases plus justes. Sans doute on se plaint de la vie, mais on l'aime. Vivre et revivre dans l'avenir est le seul concept qui puisse calmer nos esprits inquiets, réconforter ce moi toujours altéré d'éternité, toujours avide de boire à la liqueur des dieux. Mais ce qui explique aujourd'hui le découragement de vivre — et il est rare ce découragement — le bon La Fontaine, qui a su creuser si avant les sentiments humains, le met dans la bouche du malheureux que la mort s'apprête à toucher :

> Pourvu qu'en somme, je vive,
> C'est assez. Je suis plus que content.

mais le découragement de vivre, disons-nous, ne peut guère venir que de la maladie qui précisément aura quasi disparu à l'époque lointaine et bénie du bonheur, et qui n'aura plus de prise que sur les méchants, les injustes. Or, qui voudra être méchant, injuste dans une société tout imprégnée de solidarité, de charité, d'amour ?

Soyons vrais envers notre conscience. Nous adorons la vie, Oui ! et nous l'adorons, non pour les joies qu'elle nous procure présentement, mais parce qu'un instinct sûr nous dit que le bonheur existe, qu'il est notre finalité et que nous en jouirons un jour !

III

On entend le tambour. L'émotion la plus singulière semble étreindre toutes les poitrines ; une hardiesse nous saisit, nous emporte en un ciel d'étoiles... C'est le tambour, un roulement qui imite le plus majestueux des bruits que la Nature tire de ses atomes, la foudre ! C'est le tambour ! plus éclatant que le vent des tempêtes, plus excitant que l'ivresse du danger... c'est le tambour : haut les cœurs !

Une fanfare succède. Les cuivres des instruments

sonores brillent comme des ors au soleil. Alors des groupes d'hommes alignés horizontalement, le fusil sur l'épaule, s'avancent avec une régularité si parfaite, qu'on dirait qu'un fil mécanique jette leurs pieds en avant. Les lieutenants, le sabre au poing, les escortent. Entre les lignes des soldats, que dompte la rude discipline, sont les officiers, les chefs à cheval. Leur voix retentissante ordonne et, net, le brouhaha de la foule s'arrête ou bien change d'allure au commandement.

Cela est beau, la vue de ces groupes disciplinés, cette obéissance de tous à un seul !

Mais quand la cavalerie se joint à l'infanterie ; que les sabots des chevaux craquent sur le sol, les cacolets suivant les cavaliers ; les croix de Genève-la-pitoyable marquant les voitures que la charité guide, le spectacle est plus beau encore ! De ce fouillis régulier de soldats sortent les riches couleurs des uniformes portés par les simples et les galons d'or, les décorations, les plaques que montrent sur leurs poitrines les chefs hautains, altiers !

Voilà le régiment qui passe.

Le décor change si dans l'air sifflent les obus, comme les cordes des harpes éoliennes ; si le canon hurle, crachant ses boulets de fer ; si la mitraille éclate ; si les luisantes baïonnettes se teignent de pourpre ; si le sang coule inondant hommes et chevaux, c'est la bataille, c'est la guerre ! Alors on voit des hommes acharnés à s'entre-déchirer, qui ne se sont jamais parlé, qui ne s'étaient point rencontrés avant cette heure terrible. Leurs rangs s'éclaircissent, ils tombent ruisselant d'une sueur rouge ! Courage, audace de ces humbles soldats, victimes et défenseurs de la patrie, accourant à l'appel du général. C'est leur étoile, leur guide, ce chef qui plane au milieu d'eux, intrépide sous un ciel que la poudre illumine ; autour de lui, ils marchent héroïques, épargnés ou blessés, sanglants, le sol les reçoit expirants, ils sont tombés et leur nom obscur demeurera inconnu ; ils tombent entourés de leurs camarades, sourds à leurs cris de douleur, qui passent sans les entendre, qui les piétinent de leurs chevaux... et leur nom ne sera même pas prononcé par la postérité exigeante, oublieuse ! Horreur ! horreur ! sublime horreur pourtant ! Ils ont souffert pour la patrie !

Le sort semble avoir ménagé un instant de répit à ces glorieux qui survivent. Ils sont à jeun depuis de longues heures... Ni nourriture, ni sommeil pour les réconforter. Ils se traînent enfin, affamés, blêmes, les vêtements en lambeaux, les souliers éculés, ils se traînent vers un semblant de bivouac où flambe un feu réjouissant. C'est la soupe qui cuit... ils vont manger. Leurs armes sont en faisceaux.

Soudain le clairon les rappelle. L'ennemi est là, tout proche, qui comptait les surprendre... Et à cette voix du clairon, tous se lèvent, tous ressaisissent leurs armes, tous abandonnent, courageux, l'espoir de se nourrir et de se reposer !

Il faut alors voir leurs généraux, leurs officiers, marchant sous le feu, sous les balles, emportés par leurs chevaux qui se cabrent, ou écrasés sous le poids lourd des fiers animaux dont les naseaux sont ruisselants de sang et dont la mitraille a coupé les pieds ; il faut voir ces militaires de haut grade donnant l'exemple de l'absolu dévouement au drapeau, excitant le soldat du geste et de la voix !

Dans cette héroïque mêlée, combien d'hommes couchés sur le sol, aveuglés par le sang qui s'échappe de leurs blessures ! Et ceux-là, jusqu'à leur dernier soupir, cherchent encore à exciter le courage des soldats valides, que menacent les mêmes balles qui viennent de tuer glorieusement leurs chefs et leurs camarades !

La faim, la soif, la fatigue, la mort : voilà ce que supporte sans broncher tout soldat à la guerre, car il n'a plus conscience que du devoir qui l'attache à ce milieu affreux. La guerre est le théâtre des plus purs dévouements, des plus admirables courages. C'est à la guerre que l'homme trouve l'occasion de faire montre des plus grandes vertus.

Pourtant la guerre est de l'iniquité. Ces sublimes armées si belles dans le repos, si terribles dans la bataille, ne sont que les supports de l'iniquité ! C'est un apprentissage de tueries que ces armées entretenues par les nations avec des frais énormes ; c'est pour haïr, pour massacrer que ces armées brillantes existent, prennent les plus jeunes de nos fils, appellent les plus valides sous les drapeaux ! Et cette atrocité a cependant besoin d'être encore ! Il faut que les peuples la subissent aussi longtemps qu'il accorderont à la barbarie plus qu'ils ne donneront à la charité ; aussi longtemps qu'ils ne chercheront leur salut et leur gloire que dans la force ; aussi longtemps que les nations puissantes voudront dévorer les nations faibles. Il faut des armées, même à la patrie, pour qu'elle oblige les injustes à respecter les lois. Et pour porter la lumière dans quelques coins du globe rebelles à la civilisation, il faut aussi la guerre, car la force sera longtemps encore le moyen de dompter les sauvages, de leur faire comprendre que les hommes ayant besoin de frayer entre eux, il faut qu'ils acceptent les échanges des biens que la Terre prodigue à tous dans des proportions diverses ; et tout en déplorant cette façon cruelle d'imposer aux ignorants le commerce avec ses chemins de fer, avec son industrie, avec ses merveilles, avec le bien-être qu'il peut créer pour tous, il faut marcher pourtant à la conquête universelle puisqu'elle doit apprendre finalement aux plus réfractaires à s'aimer !

Mais cette magnificence des armées de terre semble être surpassée encore par les vaisseaux de guerre étalant au large, sur les eaux, leurs escadres superbes ! ces mutilations, ces horreurs des armées en bataille, semblent plus épouvantables encore, lorsque des vaisseaux ennemis sont aux prises et que le gouffre de la mer peut à la fois engloutir et les vaincus et les vainqueurs !

Que d'années s'écouleront avant que vienne l'apaisement sur tous les points du globe illuminés par la raison ; mais cette compréhension de la justice sera l'ère sacrée du bonheur. L'extinction des querelles entre les hommes sera la première victoire de la *Raison*. Déjà quelques-uns des plus considérables par leur situation, par leurs richesses, par leur science, prêchent la paix et s'occupent des moyens de détruire la guerre. Ils sont peu sans doute ; mais quand on consulte l'histoire, on s'aperçoit que de ce côté-là encore, est le progrès. Elles sont bien loin de nous ces mœurs de nos pères où le noble, prétextant que l'épée est seule digne d'un gentilhomme, défendait à sa main de toucher une plume et se glorifiait de ne pouvoir signer son nom ; mais bien plus loin encore les sauvages armées de l'antiquité où le vainqueur, traînant derrière son char le vaincu chargé de chaînes, faisait de lui son esclave. Pas de respect dans ces temps, cependant déjà éclairés, pour le courage malheureux : Le grand César a foulé sous ses pieds le Vercingétorix qui avait tant de droits à sa générosité.

La science qui a inventé des canons d'une longueur de portée jusqu'à ce moment inconnue, qui a construit des vaisseaux éperonnés pour crever les vaisseaux ennemis et les faire disparaître instantanément dans les eaux ; les moyens puissants de destruction que nous possédons, aideront par leur monstruosité même à l'apaisement Quand on aura la certitude qu'une bataille quelconque ne produisant qu'une tuerie générale, ne laissera sur la place ni vainqueurs, ni vaincus, il faudra bien que l'on renonce aux batailles.

Voilà pour l'avenir, et un avenir, celui-là, relativement proche. Les armées disparaîtront, cette grande duperie que la méchanceté humaine n'aura entretenue que trop longtemps. Un moment viendra où le souvenir même de la guerre sera tellement effacé, qu'on dira d'elle comme Camille Flammarion parlant de notre grand Paris, dont le temps aura emporté les beautés, les plaisirs :

« On sont les traces de la guerre ?

« Où sont les traces de Paris ?

« Nul ne s'en souvient que quelques savants qui ont fureté dans de vieux livres ensevelis depuis des siècles au fond des antiques bibliothèques. »

IV

Tout en conservant les armées, les modernes commencent à comprendre non seulement ce qu'elles ont d'inhumain, mais leur inutilité en soi. Qu'aurait-on besoin, en effet, de ces écoles de haine, de ces établissements de cruauté, si tous savaient aimer, si l'on avait remplacé par la charité l'orgueilleuse satisfaction de commander au plus faible, de lui imposer le joug d'une loi qu'il refuse d'accepter ?

On parle souvent de la charité ; on n'en comprend pas le langage. Ceux mêmes à qui est dévolu le soin de l'enseigner, le plus souvent blasphèment en remplissant leur tâche. Non ! ils n'ont point cet esprit de douceur qui sied à l'altruisme ceux qui n'ont ni indulgence, ni patience pour supporter les fautes des hommes ; ceux qui leurs crient *raca* au lieu de chercher à les conquérir par la persuasion ; qui vont jusqu'à semer la haine entre les cœurs !

Ecoutez !

La charité, l'altruisme, ce serait d'essayer par des arguments substantiels, ingénieux, de rendre la foi aux sceptiques, aux incrédules qui découragent les esprits sans profit pour l'union des cœurs.

Ce serait de répondre par la douceur à la violence.

Ce serait le pardon pour les offenses reçues.

Ce serait l'exercice de la justice.

Ce serait l'amour enfin, l'amour pour tous les hommes, l'amour fait de pitié pour les blessés ; une pitié qui même s'étendrait aux animaux, car la bête qui nous sert a droit à nos égards, sinon, dans certains cas, à notre reconnaissance. Et puisque, par un mystérieux décret de la Nature — mystère incompréhensible comme le pourquoi de notre être même — il faut que la chair de l'animal serve à nous sustenter, puisqu'il faut que l'homme tue. Ah ! qu'il trouve le moyen de sacrifier la bête sans la faire souffrir ! J'entends dans mon oreille, le cri de l'agonie, le cri strident de la poule dont le couteau a tranché l'artère, je vois le frémissement affreux du lapin auquel une secousse violente vient de casser la colonne vertébrale, je m'épouvante à l'idée des hurlements perçants du malheureux pourceau que l'on égorge, etc., etc. O Messieurs les savants ! vous qui avez inventé tant de choses, découvrez le moyen de sacrifier l'animal sans qu'il souffre ! Et qu'il devrait nous faire horreur ce mets qui n'est si délicieux au palais, que parce que la bête à laquelle nous le devons a été préalablement mutilée, soumise à la torture !

Ainsi toute cruauté est interdite et contre l'homme et contre la bête innocente ; voilà l'un des premiers préceptes de la charité. Hélas ! qui la prêche aujourd'hui, qui la pratique, depuis qu'un jeune galiléen, il y a tantôt deux mille ans, l'a formulée et signée de son sang ?

Il semble bien que depuis *Lui* la question de la charité n'a pas fait un pas. Que voyons-nous qui domine dans ces groupes humains dont nos sociétés se composent ? La personnalité effrontée, la mauvaise foi, la futilité, la course malsaine à la richesse, les combinaisons misérables du jeu, le mépris pour la pauvreté et la médiocrité.

La fortune qui n'est point entachée de vols habiles, la fortune qui provient loyalement des ancêtres ou d'un commerce licite et fructueux nous donne-t-elle au moins l'exemple d'une généreuse fraternité ?

Non, ce n'est point la générosité qui ouvre la main blanche et désœuvrée de l'opulence. A quelques rares exceptions près, les mains des riches ont des griffes, griffes rapaces, gardant, amassant toujours ! Il y a dans le monde un préjugé stupide et faux, comme tous les préjugés du reste, qui attribue à la race juive, plus particulièrement, l'avarice. Si en effet, nous trouvons des avares parmi les israélites, ils se voient en grand nombre dans les autres communions, et leur culpabilité dépasse toutes les autres; car ils n'ont pas lutté comme les Juifs, pendant le moyen âge, contre des chrétiens que seul leur or pouvait adoucir, que seul leur or pouvait soustraire à des traitements barbares.

Sont-ce des Juifs ou des chrétiens, ne sont-ce pas tous les deux qui accaparent les places lucratives ? Deux ou trois emplois à la fois ! Et les humbles ont des traitements insuffisants à leur donner le nécessaire !

Allez, hommes cupides, dans vos églises, vos temples et vos synagogues ; allez ! vous n'empêcherez pas vos consciences de se révolter et de se souvenir que par elles et par la raison vous avez votre libre arbitre, vous avez la liberté d'être justes.

La femme, être charmant, le plus charmant des êtres que produit la Terre ; la charmeresse à qui siérait si bien la bonté !... C'est l'orgueil, l'envie, la coquetterie, la trahison qui souvent la gouvernent ! trop souvent, hélas ! car peu sont indulgentes et sincères.

Trouverons-nous la charité chez ceux-là auxquels la société a confié sa justice ? le magistrat, le soldat...

Nous avons vu, oh ! honte, la déchéance de ces deux classes ; déchéance, il est vrai, de quelques-uns seulement, mais la salissure de ces dégénérés de la plus pure noblesse dont une nation ait souci, cette salissure éclabousse les autres ; et l'honnêteté baisse la tête, se sentant avilie de par la solidarité.

L'Eglise au moins va-t-elle réparer tout le mal et appeler sur nous l'ère sainte de la charité ?

Quoi ! le prêtre a souffert, sans l'accabler de ses foudres indignés, l'appel fanatique à la désunion des classes, l'appel au meurtre même ! Il a souffert ces scélératesses ! les plus honteuses, les plus crimi-

nelles, se faisant au nom d'une religion d'amour !
Quoi ! dans sa chaire, le prêtre n'a guère su que
répéter des lieux communs quand l'indignation devait
enflammer sa parole ! Quoi ! pas un mot ne s'est
élevé contre l'iniquité ! pas un mot seulement pour
réclamer l'indulgence, le pardon ! pas un mot pour
réprimer le criminel langage d'écrivains excitant à
l'intolérance, au fanatisme, à la guerre ! Messieurs,
il n'y a qu'une manière de servir Dieu et vous savez
bien qui l'a enseignée : BIENHEUREUX SONT CEUX QUI
ONT SOIF DE LA JUSTICE.

C'est au prêtre à quelque religion qu'il appartienne
à se sentir altéré de cette soif; et c'est malgré tout en
lui que nous mettons notre confiance pour inculquer
dans les esprits cette soif de la justice qui préparera
l'ère espérée du bonheur ? Il s'est égaré, mais il
retrouvera son chemin. Le livre qui lui prêche la
justice, si mince et pourtant, si complet, ce livre il
l'a entre les mains. Ce livre s'adresse à toutes les nations de la Terre, à toutes les familles humaines. Que
le prêtre le relise, l'étudie s'il ne l'a pas encore compris. C'est aux prêtres, aux prêtres de tous les cultes
et de tous les pays, à nous enseigner la charité
comme la définit l'Evangile ; à eux la gloire de
mener les hommes au but suprême !

Nous pensons que le culte sera longtemps encore
une nécessité pour la plupart d'entre nous ; car, de
même que la politesse qui dans le monde tient lieu

de cœur ; de même pour l'insouciant, l'ignorant, le culte remplacera le divin amour.

Il faut que les splendeurs du culte servent néanmoins à acheminer l'homme vers la vraie forme de l'altruisme ; qu'à ses magnifiques chants dans les églises corresponde une largeur d'enseignement que voilent dans une certaine mesure, les momeries, les petitesses mêlées aux pratiques religieuses ; il faut qu'ils deviennent l'emblème des cœurs purs, ces parfums qui s'échappent des cassolettes, ces lumières éblouissantes des jours de fête ; ces fleurs odorantes qui parent les autels en joie !

A l'Eglise, encore une fois, le tâche d'acheminer les hommes vers ce bonheur qu'elle même n'a cessé de lui annoncer.

Qu'importe qu'il apparaisse à quelques-uns sous l'aspect d'un Paradis exempt des souffrances du péché ou que la philosophie et la science nous le montrent dans la solidarité et l'amour ! Qu'importe d'où nous en vienne l'espérance, pourvu que nous en ayons la foi !

V

Nous voici en possession de quatre des conditions du Bonheur. La cinquième comporte toutes les satisfactions des sens, tous les sentiments tendres.

Les oreilles, les yeux, le palais, n'ont point en vain été pétris par la Nature de ses plus subtils, de ses plus savoureux atomes. Le règne de Bonheur leur doit toutes les satisfactions. Les arts se mettront au service des oreilles et des yeux et leur procureront des joies, de plus en plus raffinées, à mesure que, de par la loi du progrès, la Nature apportera plus de finesse à les sculpter. Une grande erreur a été commise par les moralistes et les religions, quand ils ont voulu annihiler chez l'être humain les sens qui sont pour lui la source de si vifs plaisirs. Aussi les moralistes ne sont-ils parvenus qu'à créer des hypocrites ou des malades. Les sens sont de fins instruments dont il convient d'apprendre à se servir. Il ne faut pas obliger un coureur dont on a coupé une jambe à se mesurer avec un rival qui les possède toutes les deux. Le but qu'auraient dû poursuivre les dits naturalistes ne consistait point à supprimer les sens, mais à établir des sociétés où il leur fût donné de s'épanouir sans risques. Fourier avait compris cela quand il créait cette classe charmante de femmes, qu'il avait baptisées *bayadères*.

Les bayadères représentaient les ivresses passagères ; leur esprit gai, piquant, s'alliait aux douces voluptés de leur commerce, et, sans honte, sans déchéance, elles pouvaient se montrer volages, se contentant d'avoir aimé un jour.

Les bayadères qu'a rêvées cet homme de génie, deviendront des femmes réelles dans l'avenir, et, — nous le supposons — remplaceront avec avantage cette classe pour laquelle, de nos jours, nous n'avons que mépris.

Et pourquoi ce mépris qui cause leur déchéance, qui a éteint en elles toute dignité ?

Elles ont des sens violents qu'elles tiennent de la Nature. Faut-il accuser la Nature de les avoir formées ainsi ? N'est-ce pas la société la seule coupable, qui au lieu de tirer parti de ce que pouvaient valoir ces pauvres filles, n'a su que les avilir tandis qu'elle leur jette, comme en pâture, ses fils à qui la Nature a donné aussi des sens impétueux ; ses fils qui vont user là, inutile, leur puissance d'amour dont trop d'entraves empêchent l'épanouissement. Ah ! ce n'est pas uniquement les alcools qui perdent les hommes jeunes, c'est bien plus, bien plus encore les difficultés qu'ils rencontrent dans nos sociétés de mensonge, où règnent les préjugés tout contraires aux lois naturelles.

Pourtant nous aurions besoin de jeunes gens valides, de gars puissants, avec des filles robustes et loyales !

Combien, au contraire, ces fils de nos citoyens, affaiblis, combien ne peuvent donner à la nation le contingent de forces que l'on exige d'eux, malgré tout ! Il faudra bien que nos législateurs aperçoivent le danger, qu'ils essaient de le conjurer en créant d'autres lois, des lois qui auront pour résultat un changement heureux dans nos mœurs. Oui, les législateurs trouveront le remède contre cette maladie du mensonge et du préjugé, si contraire à nos jeunes gens; ils trouveront, ne fût-ce que pour favoriser cette cruelle mais séduisante institution qu'on appelle l'armée, car nos hommes d'Etat ont l'ambition d'avoir une belle armée, je suppose. Et comment le deviendrait-elle avec des soldats dont une bonne moitié ne compterait plus que des individus faibles, anémiques et même rachitiques ?

Mais si le progrès marche avec lenteur, il marche sûrement et rectifiera nos institutions. Les yeux s'ouvriront pour voir et les oreilles pour entendre.

. . . .

Au-dessus des bayadères, Fourier avait placé les vestales. Tout est gracieux dans cette conception du Maître. Rassurez-vous. De celles là, on n'exige point les vœux téméraires dont les Anciens punissaient l'oubli par une mort horrible. Ce sont d'aimables et indépendantes filles du Soleil que nous promet l'avenir, aimables et loyales, qui se sont aperçues qu'elles se fourvoient en usant des subterfuges, dont l'exemple leur était donné par leurs aînées. Si la coquetterie est toujours admise, c'est qu'elle devient inoffensive. L'art de s'habiller, l'habileté dans le choix du costume, est un des puissants attraits de la femme, puisqu'elle la rend plus gracieuse. En cela, les vestales de l'avenir ne le céderont aucunement aux coquettes du temps présent et auront, comme celles ci, le goût de la parure. Pourquoi essaierait-on d'atténuer chez la jeune fille ce goût inné pour la parure, qui la rend plus jolie ?

L'hygiène avec ses parfums ; la musique avec ses excitations sensorielles ; la danse avec ses enivrements : tout cela accepté, tout cela désiré, voulu puisque c'est affaire de beauté ; et il faut que la femme soit belle pour compléter les jouissances de l'homme durant l'ère du bonheur. Mais point de perfidie dans tout cela, point de dénigrement de compagne à compagne, toutes se contentant de plaire et d'être aimées.

Les cœurs fidèles iront aux cœurs fidèles. L'expérience fournie par les siècles aura suffisamment appris et prouvé aux couples dont l'amour maintiendra l'union, que la loyauté profite mieux au plaisir que le mensonge ; que la confiance rend plus heureux que la jalousie.

Du reste l'homme volage pourra donner ses préférences aux bayadères, excitantes comme le vin mousseux qui montera dans les verres aux heures des joyeux repas... Nous l'avons dit, la finesse des sens étant un heureux don de la Nature, nul ne blasphémera contre cette généreuse Nature en refusant aux sens les plus délicates satisfactions. Les bouches roses ne prodigueront pas que d'enivrants baisers ; il y aura des mets exquis pour les palais. En ce temps-là les cuisiniers pourront, tout aussi bien que nos plus chanceux diplomates, que nos plus hardis spéculateurs, recevoir des médailles et des décorations.

O vous, croyants, qui ne doutez pas des joies paradisiaques promises à vos âmes fidèles ; ô vous, sceptiques, qui refusez d'être avec nous, ouvrez vos cœur pour espérer ! Puisque tout provient d'une cause, l'idée de bonheur entrée si avant dans les cerveaux humains, cette idée que vainement on veut traiter de rêve — d'ailleurs tout rêve est au fond un emprunt fait au réel — cette idée-là suffit à nous prouver que le bonheur existe quelque part dans la Nature animée et pensante ; et puisque l'homme déjà le pressent par l'intuition ; puisque l'homme le devine par l'étude : *Le bonheur sera.*

Qu'importe qu'aujourd'hui la date de son règne vous semble trop lointaine, s'il doit être une réalité avec le summum de la planète. Il viendra dans la marche éternelle du temps ; il viendra sur cette planète dont la ronde vertigineuse a duré et durera des millions d'années. Comprenez donc que ce sera la Terre même qui deviendra ce paradis que vous placez dans un ciel fantastique ; non le paradis des âmes (1) dont l'ignorance a fait des entités aussi fantastiques que le ciel où elle les relègue, mais le paradis des Moi éternels et individuels, comme la vie dont les organismes sont la représentation.

(1) Voir le chapitre *Ame* dans le *Moi Éternel.*

Encore une fois, résumons-nous.

Le Moi ou molécule vivante, ou force vivante, est éternel au même titre que tous les atomes de la substance, lesquels appartiennent tous chacun à des corps simples différents et impérissables. Le moi de l'espèce humaine comme tous les moi de chaque espèce d'animal et de chaque espèce de plante ont fait leurs premières apparitions sur la Terre au moment où celle-ci leur offrait des milieux favorables à leur éclosion ; et cette éclosion des Moi se fit d'abord sous la figure la plus simple d'une cellule ou plastide.

Le moi, sous la figure du plastide, s'augmenta des éléments divers répandus sur la planète. Ces éléments formèrent de nombreux plastides qui furent les éléments anatomiques des êtres.

Ces éléments anatomiques demeurèrent longtemps gélatineux. Les moi gélatineux furent des siècles et des siècles dans les eaux, poursuivant le travail de leur formation et créant les figures les plus bizarres, les plus extravagantes ou du moins qui nous semblent telles pour arriver à la forme contenue intrinsèquement dans la molécule vitale qu'ils avaient pour tâche de représenter.

Ce sont des milliers de siècles que dura le travail de la molécule vitale cherchant à créer sa figure. Ceci est de l'histoire et par induction nous devinons combien a dû être long ensuite le travail des êtres sortis des plastides gélatineux, cherchant les éléments anatomiques qui appartiennent à la botanique et à la zoologie.

Pendant cela, la Terre elle-même trouvait dans l'ambiance de la zone éthérée qu'elle parcourait autour du soleil, les éléments de sa formation. C'est ainsi qu'elle se couvrit de zones ou couches que nous avons appelées terrains. C'est, nous le pensons, dans le terrain miocène qu'ont paru les premières formes humaines qui nous ont été révélées par quelques squelettes ou débris, squelettes que des savants ont confondus avec des squelettes de singes. Nous ne nous étendrons pas davantage sur une question que nous avons déjà traitée. Nous n'en voulons tirer que cet enseignement : C'est que l'histoire n'a pas cessé de nous montrer partout le progrès. Et si nous nous attachons à l'homme seulement, nous voyons que ses progrès ont été immenses, mais que ce serait de la déraison de croire qu'il en est arrivé au summum.

Apprenons à voir large et nous aurons la foi.

L'amour tel que nous le sentons est déjà un superbe don de la Nature ; et qu'il sera plus magnifique encore à l'époque bénie du Bonheur ! Il emportera les esprits, il emportera les cœurs, il emportera les sens dans des délices, dans des voluptés, dont l'Eglise encore a eu la divine intuition quand elle a promis aux élus cette suprême félicité : la possession de Dieu.

VI

L'amour c'est la beauté, c'est la jeunesse ! à lui la tâche de rendre aux Moi les organes ou instruments employés par la Vie pour se manifester sur la planète. L'amour est donc à la fois utile et délicieux, et il ne l'est pas que pour l'homme ; il l'est aussi pour les plantes, les arbres, les insectes, les animaux.

A côté de l'amour, il est un autre précieux don de la nature ; celui-là presque exclusivement accordé à l'homme. Point n'est besoin de beauté pour obtenir ce don. A tout âge on en peut jouir. L'enfance, l'adolescence, la jeunesse, la maturité, la vieillesse. C'est la sympathie tendre qui attire un être vers un autre être et réciproquement ; sympathie pleine de douceur qu'on nomme l'amitié.

D'où vient que l'amitié est en quelque sorte comme le merle blanc, introuvable au milieu de notre civilisation ? C'est que ce sentiment exquis ne peut exister qu'à la condition d'être sincère. La nature ne l'accorde point à nos cœurs pervers, à l'égotisme qui les domine. Elle est trop chiche de ce présent délicieux pour le prodiguer à qui ne le mérite pas, et nous n'avons guère qu'à définir aujourd'hui les vices qui écartent de nous l'amitié pure, l'amitié sainte, l'amitié consolatrice !.., nous pourrions continuer. Ce sentiment a de l'analogie avec la Vierge que les chrétiens dans une litanie pieuse parent de toutes les perfections.

Peut-être l'amitié est-elle vraie dans le cœur de la mère et nous répétons, ce peut-être, mettant souvent en doute la sincérité désintéressée des pères et des mères pour l'enfant que leur sang a formé. Cette affection des parents n'est parfois qu'une attache, restée des temps sauvages, attache de l'être à l'être dont le père avait la possession entière, il avait en effet sur son fils droit de vie et de mort et quand cette violence de l'attache sanguine n'est point mitigée par la justesse d'un esprit consciencieux, les délices de la tendresse paternelle lui sont refusées. Est-ce votre enfant que vous aimez ; est-ce son bonheur qui vous importe ? Et n'est-ce pas plutôt vous que vous aimez en lui ? Ne serait-ce point pour la satisfaction de votre propre orgueil que vous le poussez à prendre une carrière qu'il n'aurait pas choisie, à contracter un mariage que son cœur repousse ?... Ainsi chez beaucoup de parents la vraie amitié demeure introuvable !... Qu'est-ce donc pour les individus dont un rapprochement direct, des habitudes de vie commune, n'ont point scellé l'attachement ?

Quelques-uns pourtant sont doués d'un cœur exceptionnellement aimant. Mais combien cruelle est la déception de ce cœur qui se voit tout à coup trahi ! Et peu suffit à lui démontrer la trahison : une blessure d'amour-propre, une question d'argent, un rien ! « Amis jusqu'à la bourse » dit l'un de ces proverbes qui sont, assure-t-on, la sagesse des nations.

Le riche trouve des ruses pour refuser son aide au vieil ami que la pauvreté guette de ses vilains yeux troubles. La poitrine de l'homme intéressé, de l'avare est un morceau de fer contre lequel vient se heurter le malheureux qui avait cru que de longues relations lui vaudraient de l'ami, aide et secours dans la mauvaise fortune. Un esprit fier n'emprunte jamais, redoutant la désillusion qui résulterait pour lui d'un refus. Il souffre en silence pour se leurrer encore d'une amitié qui s'évanouirait comme un souffle à la première demande intéressée qu'il hasarderait, tout tremblant.

Passons à d'autres preuves de la rareté des amitiés. Il obtient l'emploi que vous sollicitiez cet ami déloyal qui vous dissimulait sa rivalité pour l'emporter plus sûrement sur vous ! Voici le camarade qui vous supplante auprès de votre maîtresse ; et cet autre va épouser la jeune fille dont vous recherchiez la tendresse et la main, etc., etc.

Mais l'homme n'est pas le seul à trahir l'amitié. La rouerie de la femme le dépasse en mauvaise foi. Ah ! coquetterie maudite, coquetterie monstrueuse ! Quoi ! cette enfant avec laquelle vous avez échangé tant de douces paroles, cette fillette qui accueillait vos confidences naïves et recevait les vôtres ; la camarade de votre enfance ; c'est celle-là même qui vous a pris l'amour de votre mari, de votre fiancé ou de votre amant !... Et ces sortes de crimes se commettent chaque jour : Et nul ne prend garde aux larmes de la pauvre dupe ! et l'on continue à profaner le pur nom d'amitié, sans s'élever contre la trahison honteuse qui l'écarte, indignée !

Eh bien ! nous l'avouons en grande sincérité, de tous les progrès que nous attendons dans l'avenir, de tous les progrès qui feront régner la loyauté dans les consciences et les cœurs ; de tous les progrès qui ne laisseront plus place aux mensonges, aux hypocrisies, la sincérité dans l'amitié est celui que l'on aura le plus de peine à pratiquer. L'esprit têtu des humains ne se rend point à cette idée de loyauté qui serait sa sauvegarde contre les vilenies des civilisations. Il faudra pour qu'il s'y rende et en comprenne les bienfaits, le changement radical de nos mœurs présentes. Mais nous n'avons cessé de le dire, de le répéter : L'éternité est devant nous ! et un jour, la lumière se fera dans les esprits si intéressés à la recevoir ! Ce Paradis lointain que nous entrevoyons pour l'humanité sur la Terre, ce Paradis viendra, puisque les hommes ne cesseront pas de naître et de renaître ; puisque les expériences des siècles lui montreront son vrai chemin et ce sera la femme la plus fine, la plus intelligente en définitive, qui en aura les premières lueurs. En ce temps-là, une amie sera une amie. Confiance, tendresse, dévouement : tels seront les sentiments de l'une pour l'autre. On s'emploiera à se faire mutuellement belle, celle qui aura reçu le don charmant de la grâce élégante, cherchant de quelle manière elle pourrait corriger chez son amie une taille mal conformée.

Un tel désintéressement ne se produira pas de sitôt, nous n'en disconvenons point. Cela s'est vu pourtant de nos jours, oh ! rarement ! cela se verra encore de loin en loin, jusqu'à ce que cela se voie ordinairement.

Et que l'on ne croie pas ce raisonnement futile. Il n'y a rien au monde de plus sérieux et qui sera plus sérieux que le désintéressement témoigné par une femme à une autre femme, que le bonheur qu'elle peut trouver à entendre louer la beauté d'une amie. Quand la femme donnera, la première, l'exemple d'une amitié parfaite, l'homme, à son tour, se piquera d'égale générosité : un peintre, un musicien, un littérateur, un comédien, ne voudra plus dénigrer l'œuvre ou le talent d'un confrère. La jalousie, l'envie, la méchanceté des camarades, ne seront plus que souvenirs confus, comme le serait l'emplacement d'une grande ville évanouie, une Ninive, une Babylone, une Memphis.

Quand donc on verra deux femmes, les vieilles même, s'aimer sincèrement, quand elles auront cessé de se mentir, ce sera le signe que les temps sont proches, et l'on pourra s'écrier, plein d'espoir :

« L'ère du bonheur n'est pas loin ! »

VII

Vous regardez un paysage ; vous entendez parler d'un certain évènement ; vous arrivez pour la première fois dans un pays et vous pensez :

J'ai erré déjà dans cette campagne; cet évènement ne m'est pas inconnu ; ce paysage, je l'ai vu.

Où donc ?... Où donc ?

Vous ne savez...

Qui n'a eu à quelque moment de son existence ces sortes d'impressions ?...

On pourrait les attribuer à certaines réminiscences d'un passé qui a pesé sur notre vie précédente. Cela n'est pas plus extraordinaire que le magnétisme, que le suggestionnisme, que l'hypnotisme.

C'est ainsi que l'ère du Bonheur sur la Terre ne nous fermera pas tout souvenir des existences d'antan, et que les satisfactions présentes nous sembleront plus délicieuses quand nous les comparerons aux misères de jadis.

Toutefois l'idée que nous émettons ici, a relativement peu d'importance rapprochée des six précédentes conditions du Bonheur que nous venons d'énumérer.

L'histoire d'ailleurs aura suffisamment renseigné les hommes sur les douleurs anciennement souffertes et les difficultés surmontées pour leur permettre les joies d'une comparaison tout en faveur de la vie paradisiaque à laquelle ils seront parvenus.

L'Eglise, que nous avons maintes fois citée dans cet ouvrage pour ses intuitions heureuses, nous l'affirme et nous le répétons avec elle.

L'homme est fait pour connaître, aimer Dieu et, par ce moyen obtenir la vie éternelle. C'est comme si nous disions : « La finalité de l'homme est le bonheur ».

Si l'on pense, ainsi que nous avons tâché de le prouver, que le moi, quel qu'il soit, est éternel comme tout atome de la substance, nous comprendrons la destinée particulière de l'homme qu'une molécule de vie, également spéciale, anime depuis des milliers de siècles. Mais l'esprit de l'homme ne se rend pas aisément aux idées nouvelles. Il préfère la négation absolue de toute croyance ou la foi en un Paradis illogique qu'il a coutume de considérer comme réel à tout Paradis qu'il faudrait espérer sur la Terre, Paradis que, cependant, le progrès des siècles semble lui assurer.

Pour obtenir l'ère paradisiaque, l'homme devra la mériter par ses œuvres, œuvres auxquelles ne se mêlera aucune de ces superstitions, aucune de ces pratiques insensées qui répugnent à la saine Nature. Il ne lui faudra que de la droiture dans ses rapports avec le prochain et toute la franchise que lui confère sa liberté ou libre arbitre.

Nous avons aussi posé en principe que l'humanité et le théâtre où elle se meut, la Terre, sont aujourd'hui relativement très jeunes, n'étant encore qu'à la période de l'adolescence. Nos civilisations ont cependant quelques parties d'une incontestable beauté. Si les lois qu'on y édicte sont souvent boiteuses, il y a une raison, pensons-nous, de ce ralentissement vers la ligne droite. Ne faut-il pas qu'avant de monter plus haut, nos civilisations s'arrêtent pour que la queue traînante des peuples restés misérables puisse se rapprocher d'elles et entonner dans un concert immense l'hymne bénie de la fraternité? Oh! alors, seulement alors les hommes commenceront à connaître l'art de se gouverner, art que leur indiqua en quelques mots, il y a deux mille ans, Celui qui a dit ces sublimes paroles :

« Cherchez le royaume de Dieu et sa justice, le reste vous sera donné par surcroît »

Chapitre XIII

Enfer et Purgatoire

Si le bonheur nous semble la finalité naturelle d'une société dès le commencement perfectible, le bonheur ne sera cependant qu'après une longue suite de siècles et cela se conçoit, puisque c'est l'homme lui-même qui devra le réaliser. Or, l'homme étant arrivé misérable sur une Terre misérable, qu'en conclure, sinon qu'un vouloir instinctif d'abord, puis conscient, l'a obligé et l'obligera à chercher et à trouver les moyens d'être mieux.

Il a été gouverné par l'instinct dans le courant de sa vie gélatineuse. La raison, comme un flambeau lumineux, s'est ajoutée à l'instinct dès qu'il a pu saisir sa figure d'homme ; et son cerveau de plus en plus complexe, selon la complexité de l'organisme qui dessine sa forme, a enfanté et enfantera des merveilles progressives. Tout ce qu'il tirera de la Terre, qui semble comme lui-même soumise à la loi du progrès, sera au bénéfice de son bien-être, car il a horreur de la souffrance, qu'il s'applique sans cesse à conjurer.

Nous avons vu que pour sortir de l'état gélatineux,

il a fallu à l'homme non des *milliers* mais des *millions* de siècles.

De ces prémisses, nous pouvons déduire que des milliers de fois la Terre fera encore autour du soleil sa révolution annuelle, avant que, de cette ère gélatineuse, l'humanité, devenue consciente et libre, en soit arrivée à l'ère paradisiaque, qui, logiquement, découle de ces mêmes prémisses.

Si l'univers est éternel, si la substance est éternelle, si le moi est éternel, pourquoi parler de commencement et de finalité, puisqu'en fait, l'Eternité n'a ni commencement ni fin ?

C'est que dans cette Eternité, que l esprit de l'homme cependant conçoit, et dans cette Etendue, nourrie d'atomes indestructibles, qui écraserait sa pensée si son intelligence n'était, en quelque sorte, pétrie d'un bronze divin, il y a la *Vie*, il y a le mouvement produit de la vie ; et de ce mouvement naissent des combinaisons d'atomes. Ce sont ces combinaisons atomiques de la substance, combinaisons que la *Vie a voulues*, qui, dans l'espace infini, commencent et finissent. Il y a donc relativement un commencement en toutes choses, de même qu'il y a une fin relative.

Est-il besoin que nous redisions ici notre conception des êtres, conception qui nous est venue par l'observation des faits naturels :

Une molécule vitale avait construit le noyau de la Terre quand celle ci fut lancée dans l'espace par la

Nébuleuse et avant que des atomes condensés formant étages sur étages eussent créé la forme qu'elle possède aujourd'hui, forme qui ira se modifiant se bonifiant, jusqu'à ce que la molécule vitale ait cessé de l'animer, alors les atomes disjoints de la Terre disparaitront dans les espaces. Mais toutes les forces vivantes ou plutôt tous les moi vivants contenus dans la Terre ne seront point pour cela anéantis.

Nous n'avons point du reste à nous occuper ici des formes nouvelles qu'ils trouveront dans l'Eternité; pas plus que des formes précédentes que leur assignait la vie avant leur apparition sur la Terre.

Revenons seulement aux moi de l'humanité qui devront préparer sur notre globe l'ère du bonheur.

L'ère du bonheur sera due à l'observance de la justice par les Moi de l'humanité.

La justice c'est le complet équilibre des choses.

L'injustice le déséquilibrement.

Or, toute concience est suffisamment éclairée sur les lois de justice.

Le libre arbitre donne à tout homme la faculté de choisir entre ce qui est juste et ce qui est injuste.

La vie momentanée du moi qui aura choisi l'équilibre retrouvera l'équilibre dans la vie suivante.

Celui qui aura préféré l'injustice, pour retrouver l'équilibre perdu par sa faute, souffrira dans son corps et dans son esprit selon l'injustice commise.

Telle est la théorie des peines et des récompenses

que nous tirons des enseignements du philosophe sous l'égide duquel nous nous sommes en quelque sorte placé : Jean Reynaud, et nous croyons que, malgré certaines modifications des théories de Jean Reynaud, que le temps et la science nous suggèrent, c'est de cette façon que le philosophe déiste entendait appliquer aux hommes les peines et les récompenses.

L'Eglise dont il combat souvent les duretés, a eu, comme nous l'avons dit plusieurs fois, l'intuition heureuse de certaines vérités ; ainsi quand elle a mis sur notre front à tous, la marque du péché originel et qu'elle nous condamne dès notre naissance aux misères et aux combats de la vie, elle a eu l'intuition de la vérité. Sans doute nous apportons avec nous le mal, le mal que nous aurons à expier, mais c'est nous qui avons péché dans une existence précédente, c'est nous qui avons choisi l'injustice, le déséquilibrement et non une Eve, une aïeule dont nous ne saurions être solidaires ; que celle-ci paie son tribut personnel au mal qu'elle a personnellement commis ; ses actes ne sont pas les nôtres, elle possédait comme nous son libre arbitre. Nous n'avons pas à payer pour elle.

Pense-t-on que Jésus aurait demandé aux hommes d'être justes, s'il avait cru que son père, un Dieu ! commettait journellement la pire des injustices, soit en nous frappant individuellement, soit en frappant de nombreuses générations pour un crime dont tous étaient innocents ? Encore une fois nous ne devons à la justice que la rançon du crime qui nous est personnel, le déséquilibrement que nous avons causé et où nous avons entraîné les autres : voilà ce que nous devons expier dans la vie présente ; voilà le péché originel que nous apportons en naissant et dont nous ne pouvons pas mesurer la gravité ; c'est pourquoi nous avons tous à faire notre *mea culpa*, à craindre le jugement, la punition qui peut être terrible et les naïves sœurs de Port-Royal, malgré la sainteté de leur vie, redoutant les jugements de Dieu, avaient peut-être le sentiment vague des punitions que méritait le déséquilibrement de leur existence précédente.

Quelques exemples nous feront mieux comprendre.

Un homme ayant reçu des ancêtres un sang riche et pur, et hérité d'un nom célèbre, un homme auquel la plus belle éducation a été donnée, un homme doué dans son existence présente de tous les biens qui obligent à marcher droit celui qui n'est point soumis aux tentations que suscitent les malechances dans la société inhumaine, cet homme loin de répondre par la droiture de sa vie aux avantages que lui apportait sa naissance est devenu insatiable de jouissances ; et dans son fol orgueil, il se croit tout permis : il oublie ou plutôt il ne veut pas se souvenir des enseignements que l'éducation lui a fournis pour pratiquer la justice ; sans pitié il marche sur les cœurs ; il accueille les passions subversives ; et précisément les facilités qu'il trouve à satisfaire ces passions, les flagorneries que lui valent partout ses richesses, achèvent de le corrompre ; il devient débauché, menteur, cruel. Il s'enrichit encore par des spéculations qui ruineront, il ne l'ignore pas, des ignorants, tentés par l'appât d'un gain avec lequel il les a leurrés ; plus que cela, il s'enrichit même du travail qu'il demande aux faibles, forcés de subir ses exigences.

Ecoutez ce que son moi est dans l'existence suivante. Il naît au fond d'un bouge ; ses parents lui offrent le spectacle misérable de leurs querelles ; le père est ivrogne. On le jette à la rue ; « tire-toi d'affaire comme tu pourras. » Hélas ! il n'a pas même l'intelligence ouverte pour le métier qu'il exerce ! Il travaille sans relâche afin de se procurer un morceau de pain ! à moins qu'il n'ait recours au vol et dans ce cas, c'est la honteuse, la dégradante prison...

Est-ce qu'il a le droit de se plaindre ?

Et cet homme auquel d'autres hommes avaient confié la tâche de créer ou d'assurer l'exécution des lois qui devaient les protéger contre l'injustice, il ment aux devoirs qu'il avait acceptés, il ment aux promesses qu'il avait faites ! Son mandat, il s'en sert pour tirer adroitement à soi des gains dont sa position lui assure l'impunité, il s'en sert pour favoriser ses vengeances ; et le moindre de ses soucis est de s'occuper du bonheur des individus qui comptaient sur lui, de la prospérité de la patrie à laquelle il avait juré de se consacrer... Oh ! fourbe, menteur...

Et quand vous seriez aujourd'hui du nombre de ces ouvriers malheureux qu'un patron diabolique a le pouvoir d'exploiter ou de jeter dehors sans travail, sans ressources ?...

Voici un juge au tribunal des hommes. Il n'a pas que sa conscience pour l'éclairer sur la justice ; il a davantage en ce sens qu'il a étudié le Code, qu'il connait tous les articles où le législateur, prévoyant les mille conflits que peuvent avoir entre eux les citoyens, a tâché d'assurer à tous la sécurité. Il a le devoir d'écouter avec calme, sans passion, les témoignages qui peuvent prouver la culpabilité ou l'innocence de l'individu qu'on lui présente comme un criminel ; il faut même qu'il provoque toutes recherches pour s'éclairer, qu'il fouille dans la vie et les actes de l'accusé ; que rien ne le rebute pour avoir la lumière en dehors de ses préférences personnelles, en dehors de ses affections, en dehors de son amour. L'accusé fût-il son ami, son père, son frère ou son fils, il ne le sait pas. Il n'est plus que le juge intègre, l'homme de la loi. Aucune considération étrangère à la justice ne doit peser sur son jugement ; et son devoir lui commanderait de sacrifier sa vie même plutôt que de forfaire à sa conscience. Si l'accusé a été reconnu coupable, le juge c'est la fatalité inexorable qui punit ; mais si l'innocence est prouvée de l'homme que le soupçon avait flétri, il semble que le juge, honteux en quelque sorte et pour la loi et pour la nation qu'il représente en sa personne, que le juge honteux de l'erreur commise ne devrait plus avoir dans son verdict que des mots d'aménité, de repentir même pour l'homme malheureux qu'il va rendre à la société.

Eh ! bien, ce juge, qui tient dans sa main l'honneur et l'existence d'un homme, ce juge, par de basses considérations d'avancement ou de flagornerie pour les puissants dont il craignait la féroce colère, ce juge a empêché la lumière de se faire ! Il a condamné sans preuves suffisantes !... Il a commis ce crime !

Aujourd'hui, dans son existence nouvelle, il est au fond des bagnes, payant pour un autre, le crime qu'il n'a point commis. Oh ! misère ! Et l'Eglise encore à raison quand elle met dans la bouche de tout homme s'adressant à Dieu, cette prière : « Pardonnez-moi ! »

Oui, pardonnez-moi, car c'est la Justice Eternelle qui passe et la résignation à ses décrets qui vous sauve !

Cette jeune fille, cette femme que rien ne semble avoir blessée dans la vie, fut toujours protégée par la douce main de la chance : fortune, beauté, santé, amour, elle a eu tous les biens ; toutes les satisfactions, tous les bonheurs lui ont été prodigués dès son berceau. Et son cœur est demeuré sec au milieu de telle prospérité ! Sa jolie bouche grimace le dédain quand un mendiant déguenillé lui tend ses doigts crochus et sales ; et pas un mot de charité en faveur de la pécheresse qui a troqué sa pauvreté misérable contre le plaisir humiliant offert à sa beauté !

Dans leur existence d'aujourd'hui, laquelle des deux de la riche impeccable ou de la pécheresse est la moins mal partagée ?

Le poète Béranger, populaire et fort comme la droiture unie à l'esprit, a écrit ce refrain d'une gracieuse chanson ?

>   Dieu lui-même
>   Ordonne qu'on aime !...
>   Sauvez-vous par la charité.

Petitement placées en notre monde moderne sont les deux jeunes femmes dont le sort était si différent ; mais celle qui a aimé doit s'arranger d'une existence modeste ; l'autre est la plus pauvre des ouvrières.

Un général, qui ne pouvait pas ne point avoir la bravoure du soldat, et qui n'avait que cela, car il prêchait aux gens, en croquemitaine, la peur de la guerre pour les affoler, et se rendre ainsi plus maître de leurs esprits, un général s'est servi de son omnipotence avec une monstrueuse irréflexion ; un pauvre hère de soldat s'était rendu coupable de la peccadille la plus excusable. Retenu trop tard, un dimanche par une plantureuse beauté, il n'était rentré au quartier que vers le milieu de la nuit, et ce, au risque de se casser le cou en sautant par-dessus un mur.

Cette même nuit, un vol est commis. On a dérobé au capitaine de la compagnie une montre de valeur..

On cherche le coupable...

Par hasard le général est amené au quartier et par hasard on lui raconte l'histoire du vol.

Foin ! des petites gens ! Une circonstance semble porter le soupçon sur le retardataire. Sans plus s'informer le général envoie le pauvre bougre en prison comme voleur. Qui oserait regimber contre la décision d'un si grand chef ? Le malheureux est condamné. On l'a flétri du honteux stigmate. Pourtant il sait bien lui qu'il est resté l'honnête garçon que ses humbles parents avaient élevé dans le respect scrupuleux du bien d'autrui ; et il souffre et souffrira toute sa vie de l'injustice.

Mais un général ne se trompe point ; et la preuve serait inutile plus tard de l'innocence de ce piteux soldat. Cette preuve fut-elle placée sous les yeux du chef omnipotent, il détournerait son regard. Soumission, soumission complète à tout décret quel qu'il soit rendu par un supérieur. On appelle ça l'honneur de l'armée !

Toutefois la conscience du juste sait bien que

ce n'est point là de l'honneur et que le déséquilibrement est complet de ce jugement inique.

Figurons-nous que cet événement est vieux d'un siècle. La Justice Eternelle a passé.

Le moi du chef orgueilleux et coupable, maintenant sous la figure hâve d'un de ces vagabonds sans foi ni loi, que supportent nos civilisations indifférentes, se tient aux portes des théâtres, à l'affût de quelque voiture dont il ouvrira la portière, heureux s'il reçoit une obole pour un service qu'on ne lui avait point demandé !

Et voici deux époux, qui ne s'entendent que trop bien ensemble, car ils ont également l'amour, le honteux amour de l'argent. Renfermés dans leur demeure où est établi le strict confortable, puisqu'il n'ont pas même un serviteur, auquel du moins ils auraient assuré du pain, ils amassent... ils amassent... ils entassent les piles dans un solide coffre fort...

« Bonne gens, leur crierait La Fontaine, mettez une pierre à la place de votre or inutile, puisque vous ne vous en servez point. »

Que d'autres encore sont frappés, rongés par l'insatiable besoin de posséder ! Vous haïssez le monde, la représentation, que faites-vous de tant d'or ? Jetez du moins votre superflu dans la rue... Que les gamins ramassent vos sous comme ils ramassent les dragées qu'on éparpille pour eux sur le pavé après un baptême !

Et ces commerçants heureux dans leurs spéculations, ces millionnaires, qui ignorent la joie de donner, le plaisir d'offrir à la gêne embarrassée, de la sauver par quelques capitaux dont ils n'ont nul besoin... Un peu d'or, s'il vous plaît, pour rendre la sécurité aux cigales imprévoyantes, un peu d'or même pour procurer de l'amusement aux travailleurs obligés de tout sacrifier aux dépenses du foyer! Et vous demeurez froids, gardant tout ! Oh ! cœurs secs !

Quant à celui-là qui vit d'aumônes, voleur qui obtient de la pitié ce que la pauvreté vraie eût dû recevoir à sa place, menteur qui tendez la main en cachant un trésor au fond de votre bouge infect... L'avarice sous toutes les faces est le pire des attentats contre la solidarité qui doit unir les hommes : L'avarice est l'opprobre de l'humanité !

Nous savons bien qu'il faut des riches pour détruire la monotonie qui rendrait la vie insipide ; nous savons bien qu'il faut de la richesse pour cultiver les sciences auxquelles l'homme doit tant de bien-être ; qu'il faut de la richesse pour la floraison des arts qui sont la joie des yeux, les délices de l'oreille ; oui ! il faut, dans le monde de l'opulence, de la gloire, de la puissance ; il y faut du mouvement ; mais pas d'épargnes inutiles, pas d'avares, encore une fois, ce sont des monstres ! La société, qui pourrait enrégimenter et régler tant de passions diverses, n'a pas besoin de monstres.

Lorsque nous trouvons au milieu de nous des gens frappés de maladies honteuses, de cancers, de plaies horribles, qui font de la vie un enfer pour ces malheureux, s'il nous était possible de deviner pourquoi ce partage infernal leur est aujourd'hui assigné entre tant d'autres..., s'il nous était possible de percer à jour leur existence précédente... de voir ce que leur moi était antérieurement...

Il était un avare ! ils étaient des avares !!

Les religions, l'Eglise, comme toujours, a eu l'intuition des peines terribles qui peuvent rendre l'équilibre aux moi déséquilibrés, aux consciences qui ayant pour se gouverner le libre arbitre, ont donné la préférence au mensonge, et l'Eglise a créé l'Enfer, le Purgatoire ; mais, comme toujours aussi, elle a outre passé la mesure... La Justice Eternelle qui rase notre Terre de son aile puissante, nous le montre, l'Enfer, sur la Terre même, nous désigne le Purgatoire... Mais l'Enfer, le Purgatoire finiront, quand chacun dans nos sociétés voudra comprendre la justice et y conformera ses mœurs.

On conçoit que le nombre des hypothèses serait infini, comme celles dont nous venons d'esquisser quelques-unes, pour indiquer de quelle façon se conçoivent les peines aux manquements de la Justice.

Un philosophe, appartenant, comme Jésus-Christ, à la race des Juifs, un philosophe dont nous avons parfois écouté la parole éloquente au collége de France, M. Adolphe Franck, ne semble pas avoir clairement compris tout ce qu'il y avait de sublime dans la théorie de Jean Reynaud.

« Il n'y a d'expiation juste et efficace écrit-il dans un de ses livres (1) que pour les fautes qu'on se souvient d'avoir commises ; il n'y a de progrès moral, de progrès spirituel que pour celui qui sait qu'il s'élève d'un degré inférieur à un degré supérieur, par conséquent qui se rappelle avoir passé par le premier de ces états et qui a conscience d'être arrivé au second. Ce n'est pas assez que l'âme soit immortelle ou reste substantiellement la même, il faut aussi que son identité personnelle lui soit attestée par la mémoire. Or nous sommes dans une ignorance absolue de ce qui a précédé notre naissance en ce monde, notre conscience se refuse à lui attribuer d'autres vices et d'autres vertus que ceux qui se sont développés en nous pendant notre existence présente ».

Jean Reynaud, esprit large et droit, repoussant avec énergie tout ce qui aurait pu entacher Dieu d'injustice ou de vengeance, expliquait les misères, les maux qui frappent les hommes comme un tribut qu'ils payaient à la Loi pour l'avoir violée dans une vie précédente.

(1) *Philosophie moderne.*

Avoir vécu : ceci implique l'éternité du moi ou « âme substantiellement la même, » et non l'immortalité.

Si l'âme n'était qu'immortelle, elle aurait été créée sur la Terre et incorporée à l'être qui naissait. Sa transgression à la Loi ne pourrait recevoir de punition qu'après la mort et dans un lieu indéfini et caché. Mais alors pourquoi déjà souffrir pendant l'existence présente ? et surtout pourquoi les vies les plus pures sont-elles frappées, tandis qu'à côté de celles-là, tels hommes monstrueux dans leur vie jouissent de toutes les prospérités.

Avec l'âme éternelle, l'idée de Jean Reynaud s'explique. Alors il n'est pas nécessaire, comme le pensait Adolphe Franck, que nous ayons le souvenir précis du « degré inférieur » où nous a placés notre existence précédente. Nos maux présentement nous démontrent que nous payons notre rançon à la loi de justice, et que pour avancer vers « le degré supérieur », il nous faut accepter avec résignation les décrets de cette loi de justice que nous avons violée antérieurement. La mémoire des faits qui nous condamnent au châtiment nous serait même préjudiciable. Trop de clarté nuirait à notre liberté dans le présent, cette liberté qui nous rend supérieurs à tous les animaux et qui nous assure une finalité que ceux-ci ne devront point atteindre. Il faut laisser se mouvoir l'esprit dans une certaine obscurité afin que l'homme se serve de son libre arbitre ; il faut qu'il arrive à conquérir le bonheur vers lequel il marche sûrement sinon très promptement.

La question ne vaudrait pas la peine d'être étudiée pour quiconque n'aurait point foi en l'éternité de l'être, éternité que nous avons tâché d'établir dans ce volume ainsi que dans notre volume précédent, *Le Moi Éternel*.

Une garantie de son éternité et de sa finalité tant qu'il fera partie de la Terre semble cependant être encore offerte à l'incrédule : *Le monde des évènements*.

Les évènements qui passent dans le temps ne pourraient s'y produire si l'univers était immobile ; mais l'univers est remué dans tous ses atomes par les forces vivantes ou moi vivants.

Ces moi vivants, individuels comme tous les atomes, ne s'éteindront point puisque rien de la substance ne se perd ; et puisque un corps simple quelconque de la substance ne saurait devenir un autre corps que celui qu'il est, l'atome force-vitale qui représente l'homme sur le globe terrestre est également éternel et représentera l'homme tant qu'il sera un des atomes vivants de la Terre. Si l'atome vivant est l'unique cause des mouvements atomiques et par conséquent fait le monde des événements, mon moi est englobé dans ce monde de la même façon que tous les moi vivants y sont englobés.

Chapitre XIV

Le monde des événements (1)

L'esprit de l'homme est grand, immensément grand, puisque ses pensers au vol rapide l'élèvent jusqu'aux hauteurs de l'Infini, qu'il devine les mouvements de ces astres qui courent dans les espaces incommensurables ! Si le pourquoi lui échappe de toutes ces lumineuses vies que ses sens lui affirment, il pourrait penser que la Terre lui en offre l'analogie, et toute petite qu'est la taille de l'homme, comparée à ces astres cent mille fois gigantesques, les interroger avec son esprit aussi vaste que le vaste espace.

Ce que l'homme trouvera sur la planète où il demeurera rivé tant que celle-ci manifestera sa vie dans les cieux, il pourra l'appliquer à tous les mondes sidéraux, la Nature, toujours la même, ne

---

(1). C'est en lisant dans la *Revue scientifique* un article intitulé *Le monde des événements*, que nous est venue l'idée de ce chapitre. Ce n'est point une critique, mais une sorte de parallélisme offert à l'esprit du lecteur, auquel l'article de la *Revue* ne laisse que le vague du scepticisme. Dans ce dernier chapitre, qui devra — nous en avons l'espoir — fortifier encore la thèse que nous soutenons ici, nous affirmons avec une force que l'on trouvera trop hardie peut-être, l'éternité du moi ; mais nous ne pouvons pas nous borner à un peut-être sur cette question, puisque l'étude que nous avons faite des choses, nous laisse une conviction et non un doute.

variant que dans ses grosseurs, ses mouvements et ses milieux.

Y a-t il un monde des événements ? Et qu'est-ce que le monde des événements ?

Le monde des événements est l'affirmation de la vie, en même temps que l'affirmation de l'éternité. Il existe par deux raisons.

La Nature fournit la première : vent, pluie, grêle, froid, chaleur, électricité, mouvements moléculaires. La seconde raison, nous la trouvons dans les faits et gestes des hommes, et en général, de tous les êtres vivants. Ce sont ces deux raisons qui font le monde des événements, et ce monde n'est que l'acte du substratum (1) que notre raison conçoit comme *nécessaire*.

Si la science ne peut expliquer l'origine causale de la substance dont sont pétris les mondes de l'Infini aussi bien que le monde de la Terre, il faut néanmoins qu'elle accepte le substratum comme nécessaire, ou qu'elle se résigne à nier la vie et tous les sens qui y sont attachés.

« Le monde des événements, dit la perle des philosophes parce qu'il est aussi la perle des poètes, M. Sully-Prudhomme, n'est que l'*acte* infiniment multiple et variable du *substratum* (2). »

(1). Sully-Prudhomme.
(2). *Revue scientifique*.

La difficulté ne serait tranchée que si le mot *acte* signifiait ici l'effet d'*une volonté*.

Et quelle volonté ?

Il faut s'y résigner. Malgré son horreur de la métaphysique, le savant est forcé d'admettre que cette volonté, cette puissance qui imprime à la matière le mouvement et fait le monde des événements, est ce même substratum dont il reconnaît « l'acte infiniment multiple et variable. » Alors il peut se demander si « les origines du monde des événements sont dus à une activité spontanée, une activité initiale ? »

Sur ce sujet, Hobbes n'a point hésité. Il attribue le monde des événements à une activité initiale, un Moteur, et il croit à un commencement dans les origines.

Commencement et fini relatifs comme nous l'avons dit dans le chapitre précédent. Citons quelques mots de ce philosophe :

« ... Dans cette étendue, récipient de tous les atomes des corps simples, il y a la vie, il y a le mouvement produit par la vie et de ce mouvement naissent les combinaisons atomiques *que la vie a voulues*, lesquelles commencent et ensuite finissent. »

La Terre, comme tous les globes célestes, est le produit de ces combinaisons toujours marquées par trois périodes : noyau, croissance, décroissance.

Mais les activités initiales du substratum ne le sont pas en dehors du temps, c'est-à-dire en dehors des phénomènes successifs qui font pour nous le temps.

Cette hypothèse semble plutôt une vérité quand on entend les astronomes affirmer qu'à un instant de la durée on peut voir un astre s'éteindre et un autre s'allumer au fond des cieux. Il y a donc successivité dans l'acte « varié » du substratum.

Cet événement immense, l'apparition au milieu de l'espace d'une nébuleuse, qu'une activité potentielle réduit, par la suite, en un groupe solaire, s'explique pourtant de la même façon que l'apparition de tous les êtres vivants dus à cette force particulière du substratum, que nous avons nommée *molécule vitale*.

Toutes les molécules vitales, pour sculpter leur figure, puisent dans la substance des atomes ou plutôt des corps simples, dont les affinités sont à la fois d'ordre chimique, mécanique et psychique. Quand l'ordre psychique y domine, nous croyons qu'elles sont d'ordre humain. Il est possible de concevoir, sans qu'y intervienne même directement un ordre divin, la supériorité ou l'infériorité de ces combinaisons atomiques.

Qu'est-ce que serait un moi parfaitement réussi ?

Un moi qu'auraient façonné des atomes spécialement propres à bâtir l'organisme et combinés avec une parfaite régularité, selon la figure auquel appartiendrait ce moi.

C'est ce que nous cherchons à obtenir quand nous

voulons une fleur, un cheval, etc., etc., mieux réussis que telles autres fleurs, tels chevaux. Nous ne mettons pas tant de façons quand il s'agit de la race humaine, et nous mêlons indistinctement les sangs purs et les sangs viciés, pour obtenir immédiatement des jouissances et de la richesse.

Aussi ne pouvons-nous qu'imaginer des êtres parfaits. Il y en a assurément, non sur notre Terre, mais sur quelque planète ou astre supérieur à la Terre, des Anges, par exemple, que l'Eglise encore a pressentis par intuition et dont Jean Reynaud admettait l'existence.

Sauf de rares exceptions, un petit nombre de femmes et un nombre moindre d'hommes, les êtres parfaitement beaux et sains ont toujours manqué sur notre globe ; toutefois, beaucoup se sont plus ou moins rapprochés du type supérieur.

Un type supérieur serait un être équilibré dans tous ses organes, dont le plus beau est, sans contredit, le cerveau.

Que pendant l'époque de puberté, ce moment superbe où un moi possède sur la Terre tous ses moyens de manifestation, il s'abandonne aux vices qui le déséquilibrent, et s'il est vicieux dans l'âge même où sa conscience unie à sa raison lui reprochent ses vices, quoi d'étonnant à ce que déjà, dans sa vie présente et plus tard, dans sa vie postérieure, il souffre pour recouvrer l'équilibre perdu ;

les atomes de son organisme qu'il a détério: é. envahis par des corps simples contraires, auront de la peine à chasser les atomes nuisibles et à retrouver leur équilibre. Mais les myélocites du cerveau, que l'injustice du moi aura déséquilibrés, trouveront plus de difficultés encore à se remettre que n'en auront eu les atomes de l'organisme ; les premiers ayant eu pour avertir le cerveau, le libre arbitre, la liberté.

Une telle explication ne s'applique pas qu'au seul individu, elle convient encore aux sociétés d'individus, aux nations. Laisser commettre l'injustice, ne pas chercher à l'empêcher dans la mesure de ses moyens, est un mal. L'inertie de l'un des membres d'une société prouve qu'il est égoïste, qu'il oublie la solidarité qui le lie à tous. Voilà pourquoi l'individu souvent est englobé plus ou moins dans la dégénérescence de sa Nation.

La Nation comme l'individu a commencé le monde des événements ; et comme, pour l'individu, la lumière de l'injustice ne lui est jamais absolument cachée ; mais elle manque de moyens, — surtout les antiques civilisations, — pour ouvrir la fente qui la laisserait filtrer dans les ténèbres.

Bien que nos lumières présentes soient encore excessivement pâles, elles peuvent nous paraître très belles quand on les compare aux horreurs que l'ignorance et les superstitions nous faisaient jadis commettre.

Pendant des temps infinis, l'homme n'eut pour demeure que des cavernes, mais déjà son sens esthétique — on a trouvé dans ces cavernes des os gravés et sculptés, — prouvait sa supériorité et lui enseignait la morale. Il l'écoutait peu, puisqu'il a commencé par établir l'esclavage et la guerre. Quelques-uns se sont faits chefs ou rois et, usant de leur pouvoir, ont commis de grands massacres.

L'ignorance et la terreur que causait à l'homme le monde terrible des événements extérieurs, les tonnerres et les cataclysmes terrestres, firent naître dans les cerveaux une belle et grandiose idée, la conception d'un Dieu, dont cependant un petit nombre comprit la valeur, et qui tourna pour les autres en religions stupides et cruelles.

Ces religions semblent avoir commencé par des tombeaux, par le culte des morts. On croyait que ceux-ci mangeaient, buvaient et parlaient. Des tombeaux d'Egyptiens, vieux de quatre à six mille ans, ont conservé, sous des amas de sable, une foule d'objets qui prouvent qu'on laissait aux morts des vivres dans leurs tombeaux, avec la croyance qu'ils les mangeaient. Si ces idées n'avaient été que saugrenues, on les excuserait chez les hommes, à cette époque d'ignorance ; mais ils faisaient parler les morts ; ils entendaient chez le serpent la voix sifflante du Fils de la Terre ; ils considéraient les morts comme des êtres faibles qu'il fallait animer pour connaître de leur bouche l'avenir. Or, c'était de la vie qu'on devait leur offrir, c'est-à-dire du sang. De là, tant d'animaux sacrifiés sur les autels et quand ce n'était que des animaux... mais le sang des enfants, des hommes, était répandu ! Nergal, le roi des morts, était assyrien, et Mithra, que l'on disait pourtant le génie de la lumière, souffrait que des enfants fussent brûlés dans un taureau d'airain. Pour apaiser les divinités infernales en combat avec les puissances des divinités bienfaisantes, on sacrifiait sept couples de jeunes garçons et de jeunes filles.

La religion des Hébreux était certainement en progrès sur ces monstrueux cultes. Toutefois, l'histoire nous a conservé d'eux un fait qui ne manque pas d'horreur. Si un ange arrêta à temps le bras d'Abraham, il laissa s'accomplir le vœu impie de Jephté, immolant la belle et douce créature qui était sa fille.

Etc., etc.

Aussi, que de misères étaient réservées à ces humains égoïstes qui s'imaginaient recueillir de leurs crimes la prospérité. Cependant, dans un milieu plus moderne, les Mithriastes eurent des sacrements dont la création dut adoucir leurs mœurs barbares : le baptême, la pénitence, l'oblation du pain et de la coupe, la croyance en la résurrection. Le monde des évènements leur devint plus favorable.

L'Eglise de Jésus, pour faciliter la foi en l'Evangile,

adapta quelques-unes de ses fêtes aux fêtes du paganisme ; des processions se modelèrent sur les processions d'Eleusis ; la naissance de Jésus fut fixée au 25 décembre, jour des natalita de Mithra et celui où le soleil nouveau entre dans le solstice de l'hiver (1).

Eh bien ! qui le croirait — et c'est le cas de répéter que le progrès ne se fait pas en ligne droite — qui le croirait ? De cet adorable Evangile, qui n'est d'un bout à l'autre qu'un manuel de charité, les fourbes, les méchants, ont tiré d'affreuses superstitions ! Au nom de la foi religieuse, on a brûlé, on a torturé des hommes. L'Italie, l'Espagne, la France, l'Angleterre, ont entretenu des guerres de religion ! Que de maux aussi, depuis cette époque, ont fondu sur ces nations et sur celles qui les ont imitées !

Quoi ! deux nations hautement civilisées, dont l'esprit humain aurait pu être fier, ont envoyé leurs enfants s'entr'égorger, il n'y a guère plus d'un quart de siècle ! Et aujourd'hui encore (2), ô monstruosité ! ô honte ! ô décadence ! une grande et riche nation a poussé au massacre les siens, la perle de ses fils, contre un petit Etat qui, à l'admiration de l'univers, a défendu légitimement et bravement son indépendance et les richesses de son sol ; au déshonneur

---

(1). En l'an 354 de l'ère chrétienne, le 25 décembre, le pape Libérius célébra, pour la première fois, à Rome, la naissance de Jésus.

(2). 1899-1900.

moral de celle qui, pour tuer le plus faible, semble avoir voulu se modeler sur les brigands du temps passé, criant au voyageur : « La bourse ou la vie ! »

En voilà un, hélas ! un monde des événements ! monde misérable qui met en recul le progrès, toutefois « acte du substratum » dont nous parle le poète-philosophe, acte dont il nous faut accepter la honte, puisque les nations, oubliant la loi de solidarité, n'ont point empêché les massacres. Mais la Justice Eternelle pèsera sur la nation qui a exécuté ou supporté ces crimes, elle passera et plus durement encore sur les puissants qui les ont commandés, voulus ! dont le remords peut-être commence déjà le châtiment.

Que les esprits éclairés, les esprits les plus droits travaillent à relever l'humanité que ce monde d'évènements funestes vient de rejeter, comme un Sisyphe, au pied de la montagne qu'elle semblait grimper victorieusement. De la lumière, de la justice pour recouvrer le terrain perdu ! Plus la clarté pénétrera dans les consciences, moins s'éloignera l'ère du bonheur que nous attendons sur la Terre avec le progrès.

TABLE DES MATIÈRES

PREMIÈRE PARTIE

Chap. Ier	— La Molécule vitale.	1
Chap. II.	— Causalité.	12
Chap. III.	— Malacologie.	23
Chap. IV.	— Zoologie	31
Chap. V.	— Le Mésopithécus Pentelici	42
Chap. VI.	— Dieu l'Inconnaissable, Hypothèse scientifique.	50
Chap. VII.	— L'Homme.	71
Chap. VIII.	— Le Cerveau.	79

SECONDE PARTIE

Chap. IX	— Liberté	89
Chap. X.	— Hypothèse d'une finalité.	100
Chap. XI.	— Histoire d'un globe	112
Chap. XII.	— Les sept conditions du bonheur.	127
Chap. XIII.	— Enfer et purgatoire	164
Chap. XIV	— Le monde des événements	180

ASTRONOMIE

L'œuvre des Comètes dans le Cosmos

Nous sommes pour la plupart convaincus aujourd'hui, que les êtres vivants ont commencé à se montrer sur la planète sous la forme la plus mince, protozoaire ou cellule, nous rattachant ainsi aux enseignements des Lamarck et des Darwin. Rappelons-nous en outre que le procédé employé par la Nature pour façonner les êtres et les faire disparaître est toujours identique et comprend invariablement ces trois phases : noyau, croissance, décroissance. Mouche ou éléphant, prêle ou chêne, tout ce qui est vivant passe par ces états successifs.

Pourquoi la Nature procèderait-elle différemment à propos des habitants du Cosmos ? Les astres qui vivent des milliards et des milliards d'années (1) sont également soumis à la loi qui les fait passer par les mêmes états : noyau, croissance, décroissance. L'astronomie nous l'affirme, qui assiste à la naissance

(1) L'année que nous donne la Terre nous sert ici d'unité de comparaison.

d'une étoile que lui révèle une lumière soudaine, et à sa décroissance finale par la disparition de sa lumière à un moment, dans le temps.

Les religions, qui ont eu l'intuition de certaines vérités, mais seulement l'intuition, expliquent cependant la création du monde de la façon la plus illogique : « Dieu, disent-elles, a fait de *rien* le Ciel et la Terre. »

Si nous représentons rien par zéro, nous aurons beau multiplier, diviser les zéros, le quotient sera toujours rien.

Non, rien ne saurait produire quelque chose. Le Monde, que nous voyons, que nous sentons, dont nous sommes, est matière, et tout ce qui ne serait pas matière serait zéro, par conséquent sans valeur. Il n'est pas probable que dans l'Infini se trouvent des étendues égales à zéro. Nous n'avons point du reste à nous préoccuper d'une telle recherche.

On est convenu d'appeler *atomes* les portions les plus ténues de la matière. Nous dirons avec la savante Mme Royer que les atomes sont fluides, expansifs et répulsifs. Nous ajouterons que ces diverses qualités des atomes n'excluent pas leur élasticité, puisque de leurs condensations résultent les formes ou figures des êtres.

Tous les espaces inter-stellaires et inter-planétaires sont occupés par ces atomes dont la petitesse est insaisissable, même à l'aide de nos instruments les plus grossissants, atomes que nous désignons d'un mot : *éther*.

Or, c'est dans l'éther que puisent les astres pour obtenir leur figure et ils mettent à ce travail des milliards et des milliards d'années. Dès que la vie cesse de les animer, ils se désagrégent et, peu à peu, disparaissent. Qu'importe à l'Eternité la longueur du chemin ! La vie des êtres consiste précisément en ces formations et déformations, et leurs apparitions et évanouissements font en réalité, pour nous, l'espace et le temps. Il n'y a d'éternel que la matière. La vie et la mort des êtres terrestres sont l'image de l'apparition et de la disparition des êtres du Cosmos.

Les analogies que nous fournit notre planète même nous permettent d'entrer dans l'hypothèse, à propos de l'œuvre des comètes ; mais nous savons que toute méthode expérimentale est souvent précédée d'une hypothèse, et que celle-ci conduit, souvent aussi, à la constatation de la vérité.

Les comètes sont des masses d'atomes d'une extrême ténuité, mais jouissant cependant d'un commencement de condensation. On pourrait les comparer aux voiles légers des vierges faisant leur première communion, puisque à travers les gaz des éléments cométaires, on aperçoit certains astres qu'elles couvrent momentanément de leur élégante chevelure.

Les êtres stellaires du Cosmos ont dû commencer par un mince amas d'atomes, dont le protoplasma terrestre peut nous fournir l'équivalent. Cette idée nous conduit logiquement à ceci.

Les astres se sustentent de la façon dont se sustentent tous les êtres en croissance. Leur noyau, s'emparant peu à peu des atomes de l'ambiance, grossit sa forme et il vient un moment où leur existence se complique en même temps que leur volume. Les atomes ambiants qui leur avaient suffi d'abord, de même que le lait immaculé suffit au nouveau-né, ne sont plus pour eux une nourriture (1) suffisante.

C'est alors que la Nature met à leur portée une substance plus dense.

Les comètes sont présisément cette substance.

Essayons d'en saisir la preuve.

1° D'abord les comètes ne sont point des êtres *en soi*, comme les étoiles ; la petitesse des corpuscules qui les représentent, semble le confirmer ; puis elles n'ont rien de fixe, comme on peut le croire, des soleils qui, en apparence sans mouvement, nous montrent, au milieu des nuits, leur glorieuse lumière :

« Mais, dites-vous, les comètes, si fluides soient-elles, ont un noyau. »

Sans doute, puisque tous les êtres qui servent à dessiner et à alimenter une vie en formation ont un noyau. La comète a de l'analogie avec la cellule dont un fort microscope nous montre le noyau. L'être

---

(1) Qu'on nous pardonne ce mot tout terrestre, appliqué à des êtres tout célestes, mais que l'analogie nous permet d'employer.

terrestre sera parvenu à son maximum de croissance quand un nombre suffisant de cellules s'ajoutera à la première apparue sur le protoplasma.

La science semble bien confirmer notre dire.

2° Les comètes, dans leurs courses errantes, abandonnent certains débris d'elles-mêmes à l'étoile en formation, et l'étoile, au milieu du Cosmos, se montrera dans toute sa splendeur quand les nombreux passages des comètes lui auront laissé assez de subsistance pour sa croissance maximum.

3° Les comètes seraient donc l'aliment des nébuleuses, des soleils, des planètes. Tout a une signification dans la Nature. Si elles n'étaient pas destinées à l'emploi que nous croyons pouvoir leur assigner, pourquoi seraient-elles errantes et sans qu'un point relativement fixe les attachât au Cosmos ?

Les travaux de quelques grands astronomes nous permettent cette hypothèse, moins hasardée peut-être qu'on ne serait tenté de le croire.

La photographie est venue en aide aux observateurs, et avec succès, dit le savant M. Muller, car elle nous permet d'affirmer avec plus de certitude la désagrégation des comètes. « Aujourd'hui, écrit-il, on ne peut plus douter que quelques parcelles de leurs fragments, sont ce que nous appelons des *étoiles filantes*. »

Certaines de ces parcelles, disséminées au milieu du Ciel, ont acquis, dans ce que nous nommons leur chûte, une vitesse prodigieuse, en traversant ainsi les atmosphères des astres. Sur le sol même de la Terre, elles ont laissé des amas d'atomes condensés par le froid des zones glacées qu'elles ont dû rencontrer. Ce sont les *aérolithes*.

Il y a des comètes périodiques dont nous ne pouvons fixer la disparition, bien qu'elles soient destinées à se désagréger. En se montrant dans notre voisinage, elles nous facilitent leur étude. Nous les voyons subir l'action puissante du Soleil et même de certaines planètes. Dans leur passage au périhélie de ces astres, elles se trouvent capturées en partie ; leurs atomes, faiblement condensés, se fondent ; quelques-uns sont réduits à l'état de météores et la répétition de ces passages produit finalement leur désagrégation.

Mais leur désagrégation profite aux astres qui les ont capturées, et certainement l'énorme grosseur de Jupiter peut être attribuée aux essaims cométaires qui ont subi son action puissante.

Il y a des comètes qu'apparamment nous ne reverrons jamais. Qui pourrait dire les lointains espaces où, accrochées par les astres au fond de l'Infini, elles ont promené ou promènent leur brillante chevelure, et combien de ces astres les dévorent ou les ont dévorées, avant qu'elles puissent revenir au point du Cosmos qui les avait créées.

En définitive, les comètes seraient affectées à la

figure et à la nourriture — pardon du mot encore — des astres.

Personne n'ayant encore expliqué à quoi peuvent servir les comètes dans le Cosmos, nous croyons que notre hypothèse est tout à fait admissible.

Et pourquoi nierait-on leur désagrégation finale, suite naturelle de leur naissance et de leur vie, quand quelques-unes ont laissé sur notre Terre même, sous la figure de météorites, des traces de leur dissociation? Encore une fois, leur œuvre consiste à approvisionner le Cosmos. Retranchez-les, ni nébuleuses, ni soleils, ni planètes, n'arriveront à la plénitude de leur croissance; de même que nul être terrestre n'aurait ni figure, ni couleur, si chacun était privé des cellules dont il fait le choix judicieux pour saisir la forme assignée à son espèce.

FIN

TABLE DES MATIÈRES

Préface de Jules Levallois.

PREMIÈRE PARTIE

Chap.	Ier. — La Molécule vitale	1
Chap.	II. — Causalité.	12
Chap.	III. – Malacologie.	23
Chap.	IV. — Zoologie	31
Chap.	V. — Le Mésopithécus Pentelici	42
Chap.	VI — Dieu l'Inconnaissable, Hypothèse scientifique.	50
Chap	VII. — L'Homme.	71
Chap.	VIII. — Le Cerveau	79

SECONDE PARTIE

Chap.	IX — Liberté	89
Chap.	X. — Hypothèse d'une finalité	100
Chap.	XI. — Histoire d'un globe	112
Chap.	XII. — Les sept conditions du bonheur. . . .	127
Chap.	XIII. — Enfer et purgatoire	164
Chap.	XIV — Le monde des événements . . .	180
Astronomie		191

ISSOUDUN. — IMP. L. SERY

En Vente à la Société d'Éditions Littéraires
4, RUE ANTOINE-DUBOIS — PARIS

BAZALGETTE. — *L'Esprit nouveau dans la vie artistique, sociale et religieuse*, 1 vol. in-18 de 396 pages.	3 fr. 50
BENSA. — *Urbain Grandier — un précurseur de la libre-pensée*, 1 vol. in-8 de 102 pages.	2 fr. »
CONSTANT. — *Le Christ, le christianisme et la religion de l'avenir*, 1 vol. in-18 de 411 pages	5 fr. »
DARVILLE. — *Le Roman de la Science — Hommes et Singes — Etude historique, géologique et archéologique*, 1 vol. in-18 de 316 pages, avec de nombreuses figures	3 fr. 50
DROMART. — *Quelques vérités — Œuvre philosophique populaire*, 1 vol. in-12 de 276 pages	3 fr. 50
FEUILLET. — STREIFF — *Synthèse psychologique*, 1 vol. in-8 de 52 pages.	2 fr. 50
FINART D'ALLONVILLE. — *Causeries sur les phénomènes de la nature*, 1 vol. in-8 de 280 p.	4 fr. »
GAYVALLET. — *Unité — Attraction — Progrès — Du moyen d'arriver dès ici-bas à la béatitude éternelle*, 1 vol. in-18 de 248 pages.	3 fr. 50
GUYARD. — *Histoire du Monde — Son évolution*, 1 vol. gr. in-8 de VIII-690 pages, avec gravures, tableaux et le magnifique planisphère de Scrader	7 fr. 50
HEMEL. — *Les Métamorphoses de la matière*, 1 vol. in-18 de 204 pages	3 fr. 50
JOLLIVET-CASTELOT. — *La Vie et l'âme de la matière*, 1 vol. in-18 de 204 pages	3 fr. 50
JOUGLARD. — *L'Univers et sa cause d'après la science actuelle*, 1 vol. in-16 de 332 pages	3 fr. 50
LAUR. — *Le Roman de l'humanité — Rêveries philosophiques*, 1 vol. in-18 de 316 pages.	4 fr. »
LAURENCE. — *Le Moi éternel*, 2ᵉ édition, ouvrage couronné par l'Institut (Sciences morales), 1 vol. in-18 de VII-226 pages	3 fr. »
LEFÈVRE (André). — *Contre-poison*, 1 vol in-18 de 402 pages.	3 fr. 50
MALVERT. — *Science et Religion*, 1 vol. in-12 de 180 pages avec 142 figures dans le texte, 2ᵉ édition.	2 fr. 50
MARYLLIS. — *Les Harmonies naturelles*, 1 vol. in-18 de 400 pages	4 fr. »
MAUREIL-PAROT (Ella). — *Le Devoir de demain — Pensées d'une femme à propos du mouvement néo-chrétien*, 1 vol. in-16 de 102 p.	2 fr. 50
RENOOZ. — *La Force*, 1 vol. in-8 de 186 pages.	4 fr. »
THÉVENIN. — *Conscience et Automatisme*, 1 vol. in-8 de 16 pages.	1 fr. »
TILLIER. — *Le Mariage, sa genèse, son évolution*, 1 vol. in-8 de 324 pages.	7 fr. 50
VIGNÉ D'OCTON. — *La Gloire du sabre*, 1 vol. in-16 de IX-256 pages.	3 fr. 50
VILLENEUVE (DE). — *L'Esprit de Jésus ou le Christianisme rationaliste*, 1 vol. in-18 de 395 p.	3 fr. 50

ISSOUDUN. — IMP. L. SERY